FEDERICO PACILLI

L'IMPRENDITORE DEL FUTURO

Come Aumentare i Profitti, Ridurre i Costi e Velocizzare l'Amministrazione Grazie Al Potere dell'Intelligenza Artificiale

Titolo

"L'IMPRENDITORE DEL FUTURO"

Autore

Federico Pacilli

Editore

Bruno Editore

Sito internet

http://www.brunoeditore.it

Sommario

ATTENZIONE:

Esistono due atteggiamenti rispetto all'apprendimento:
chi vuole prima capire e poi sperimentare e
chi vuole sperimentare e solo dopo capire.

Se appartieni al secondo gruppo, prenota subito la consulenza
gratuita dove conoscerai l'intelligenza artificiale che ti consentirà
di applicare alla tua azienda ogni segreto di questo libro, in modo
praticamente automatico:

www.imprenditoredelfuturo.com/consulenza

Se invece vuoi prima capire e solo dopo sperimentare,
prosegui nella lettura.

Prefazione:
La differenza tra successo e fallimento

Quando Federico Pacilli mi ha chiesto di scrivere la prefazione del suo libro mi sono detto: di solito le prefazioni si chiedono a personaggi famosi, professori universitari, luminari... cosa c'entro io?

Leggendolo, però, ho capito perché lo avesse chiesto proprio a me: perché rispecchio esattamente il tipo di imprenditore che può testimoniare questi concetti.

I numeri sono la chiave del business e saperli padroneggiare decreterà il tuo successo o il tuo fallimento. E su questo so veramente tanto, perché ho sperimentato entrambe le facce di questa medaglia. La maggior parte dei miei follower mi vede in TV, mi vede sui social, mi vede in hotel 5 stelle o a bordo di auto di lusso, ma non è sempre stato così.

Pochi lo sanno ma, nel 2013, ho rischiato di fallire. Esatto, anch'io, prima di raggiungere il successo, sono stato sull'orlo del precipizio. Pur essendo sempre stato, fin da giovane, un imprenditore molto attivo, a un certo punto della mia vita, troppo preso a fare business, troppo immerso nelle dinamiche del quotidiano, ho dimenticato di controllare la strumentazione di bordo della mia nave e ho rischiato di finire sugli scogli: *guidavo la mia azienda guardando il conto corrente, anziché il Conto Economico.*

Attenzione, se questa cosa capita anche a te, beh, farai bene a leggere fino in fondo questo libro. Conoscere e mettere in pratica quanto troverai scritto qui dentro per te farà tutta la differenza del mondo, come l'ha fatta per me.

Ma voglio tornare a quello che ho scritto poco fa, ossia "guidare l'azienda con il conto corrente, *anziché* con il Conto Economico". Quando guidi l'azienda guardando il conto corrente, non sai se stai spendendo soldi tuoi, soldi dei tuoi clienti, dei tuoi fornitori, delle banche o dello Stato. Stai semplicemente usando i soldi che in quel momento vedi sul tuo conto corrente, senza preoccuparti di chi ti verrà a chiedere il conto quando quegli stessi soldi non ci saranno più. E, credimi, accadrà.

Questo è il più grosso errore che un imprenditore possa fare nella sua gestione finanziaria e ne ebbi la prova io stesso, nel 2013, quando i soldi finirono e restarono i debiti: per l'esattezza 500.000 euro da pagare a fornitori, banche, Stato...

Ricordo ancora il giorno in cui mi accorsi che nel file che usavo per controllare l'andamento della mia azienda c'era un piccolo, banale errore: un'inezia in una formula, che aveva trasformato ciò che io pensavo fosse il punto di pareggio nel baratro in cui ero finito senza neanche accorgermene.

Provai un dolore fisico, oltre che emotivo. Appena compresi l'errore su quel documento Excel, un brivido mi percorse la schiena e avvertii come un macigno sullo stomaco. In un minuto mi resi conto che, anche chiudendo con successo l'operazione da oltre 4.000.000 di euro che stava andando in porto, non ci sarebbe rimasta neanche l'ombra di un quattrino, anzi dovevamo ancora restituire soldi a banche e Stato, senza sapere dove andare a prenderli.

Stetti male per una settimana, a letto con febbre alta, vomito e diarrea. Una situazione davvero – consentimelo – di merda, che mi aveva buttato a terra senza neanche la forza di rialzarmi.

Scusa per la digressione, la minuzia dei particolari e il linguaggio "emotivamente adulto" ma, nel ricordare quell'episodio, ancora così doloroso per me, la tastiera è stata ghermita dal flusso dei ricordi, quindi meglio tornare alla prefazione di questo libro.

Per fortuna, uscii da quella situazione difficile lavorando sodo e mettendo a segno un paio di operazioni importanti, ripagai i miei debiti e imparai una delle lezioni più importanti della mia vita, che è la stessa che questo libro vuole trasferirti.

Proprio nel momento in cui ho toccato il fondo ho capito l'importanza dei numeri e del controllo di gestione ed è grazie a quel "quasi fallimento" che oggi il mio gruppo imprenditoriale prospera in 5 Paesi, conta più di 200 collaboratori e fattura oltre 20 milioni di euro.

Ma ora che ti ho raccontato la mia storia, è il momento di scoprire i contenuti di questo libro magico. Avrai l'opportunità di capire finalmente dove vanno a finire i tuoi soldi, come controllare i tuoi numeri e come cambiare per sempre il tuo futuro da imprenditore.

Buona lettura!

Gianluca Massini Rosati

Fondatore di Soluzione Tasse e Xriba

Introduzione:
Il vero lavoro dell'imprenditore

Mi occupo di sviluppo software e di progetti digitali da oltre 14 anni. Negli ultimi 9 l'ho fatto anche da un punto di vista imprenditoriale, partecipando a varie società e creando due startup di successo che hanno ricevuto finanziamenti anche da investitori istituzionali.

Posso affermare che il mio percorso di crescita professionale mi ha portato a separare, distinguendole nettamente, le mie due professioni; anzi, mentre la prima la definirei una professione, la seconda dovremmo iniziare tutti a pensarla come il *vero lavoro dell'imprenditore*.

Sono due anime distinte che vanno coltivate e fatte crescere di pari passo. Nel mio caso specifico, esiste un'anima tecnica, legata alla realizzazione dei progetti software, e un'altra imprenditoriale, quella più pratica, che serve a guidare il business.

Nella mia esperienza ho potuto constatare con sorpresa come molti imprenditori, o manager, non percepiscano la differenza tra guidare un'azienda e *fare business*. Eppure si tratta di due attività differenti e, proprio per questo, le ho volute chiamare con nomi diversi: realizzare attività di esecuzione del lavoro significa esercitare una professione (dove, se si è bravi, si riesce a delegare al 100% ad altre persone), mentre guidare un'azienda è il vero lavoro dell'imprenditore.

Quindi il punto focale è: *che cosa significa guidare un'azienda?* Il verbo guidare mi piace, perché può essere utilizzato sia nell'accezione positiva di "guidare gli altri con l'esempio" sia nel vero senso del termine, ossia "controllare le attività dell'azienda". Proprio come si guida un'automobile, è possibile condurre un'azienda. Peccato, però, che nessuno ci abbia mai dato il pannello di controllo e neanche il volante per guidare.

Insomma, per gli imprenditori non esiste la "scuola guida", un posto dove puoi sbagliare finché non sei pronto, avendo accanto qualcuno che può usare i doppi pedali e intervenire al momento giusto, prima che tu ti faccia male.

In questo libro voglio darti tutte le istruzioni per iniziare a prendere il controllo della tua azienda e diventarne il vero comandante. Si tratta di un libro pratico, che ti spiega "cosa fare", volutamente costruito per saltare tutte le parti metaforiche e motivazionali. Non si tratta del classico libro di self-help, ma di un manuale che descrive dei passi concreti da fare uno dopo l'altro.

L'ho scritto perché, dopo tutti questi anni, ho capito che, mediamente, gli imprenditori fanno tutti i lavori possibili all'interno dell'azienda, ma non fanno il loro vero e unico lavoro: guidare!

Lo dico perché questo errore l'ho commesso in prima persona e, ogni volta che mi confronto con alcuni amici, mi accorgo che sono sempre più presi dalle vicende quotidiane e stanno perdendo di vista l'unica cosa che fa la differenza: monitorare i numeri e migliorare le aree deboli del proprio business per farlo crescere.

Nella mia esperienza di imprenditore ho creato numerose aziende con fatturati milionari, finanziandole in diversi modi: con la crescita interna, quindi reinvestendo gli utili, ricevendo soldi da venture capital, business angels (ovvero investitori seriali privati), acceleratori e banche.

Ho persino vinto un bando pubblico per un progetto. Sono stato io a occuparmi in prima persona di portare avanti il business e, allo stesso tempo, ho dovuto rendicontare a qualcun altro lo stato di salute della mia azienda. In quel caso ho capito che avevo bisogno di controllare i numeri per rispondere alle domande che qualsiasi stakeholder (termine inglese che significa "soggetto che ha un interesse nei confronti dell'azienda") fra quelli che ho citato sopra mi avrebbe posto.

Queste attività mi hanno fatto aprire gli occhi e capire che avere il controllo dei numeri non è un'attività finalizzata a fare felici gli investitori, a far stare tranquille le banche o, peggio ancora, solo a rendicontare le tasse da pagare allo Stato. Controllare i numeri è il principale lavoro dell'imprenditore. Forse il più noioso, ma di certo quello che distingue chi naviga a vista da un capitano d'azienda.

La differenza è sottile, perciò ti faccio un esempio per vedere se noti la differenza e ne comprendi l'impatto sul tuo Conto Economico. Come imprenditore hai l'obbligo di saper rispondere a domande di questo tipo: *Stai facendo utili con quella specifica linea di prodotto? Quanti utili – al centesimo – stai generando nelle varie linee di prodotto?*

E così via, fino a quando possiederai il controllo dei numeri e potrai rispondere a domande come: *Le campagne marketing ti stanno portando lead utili alla vendita? Quanti? Che costo per lead? Che percentuale di conversione? Quale canale porta il maggior margine di contribuzione? La struttura dei costi è adatta per crescere esponenzialmente? Si possono ottimizzare le tasse prevedendo gli andamenti futuri dei flussi di cassa? Sto gestendo i flussi di cassa in modo da non avere problemi in futuro?*

Ma, soprattutto, la domanda implicita, quella che è nascosta dietro ogni domanda che lo stakeholder fa all'imprenditore: *Sto guadagnando o sto perdendo soldi?* Questa è anche la domanda che l'imprenditore fa a se stesso e spesso, troppo spesso, pensa di avere la risposta ma in realtà quella risposta è sbagliata.

La verità è che, se oggi un imprenditore dovesse avviare un'impresa da solo, mettendo tutto il capitale che serve e rispondendo solo a se stesso, sarebbe comunque schiavo. Sì, uso un termine forte perché questo è quanto ho constatato nella realtà. Sarà sempre schiavo dei numeri! Se non terrà sotto controllo i numeri principali della sua azienda, sarà trasportato dalla marea, invece di essere proiettato su una rotta precisa. *O sei padrone dei tuoi numeri, oppure saranno loro i tuoi padroni, e prima o poi te la faranno pagare!*

Il modo di tenere la contabilità è uno degli esempi classici di come il controllo della gestione economica e finanziaria del proprio business venga generalmente sottovalutato. La maggior parte dei titolari di PMI delega questa attività (se non tutta, quasi) al commercialista, pensando che si tratti solo di rendicontare allo Stato quanto produci per pagare l'IVA e le varie imposte.

Ma ogni quanto riesci a farti dare un bilancio aggiornato dal tuo commercialista? Hai sempre tutto sotto controllo, oppure invii i documenti e poi aspetti il prossimo F24 da pagare, fidandoti del fatto che sia corretto?

La verità è che la contabilità viene vista come un mero adempimento, invece, per le motivazioni che ho scritto sopra, è un vero e proprio strumento di controllo e di pianificazione aziendale. La contabilità è bella, i numeri sono belli. Il problema è la fatica, le risorse umane e i soldi che servono per gestire e monitorare tutte queste attività.

È per questo motivo che ho voluto scrivere questo libro, per fornirti uno strumento veloce e pratico che ti consenta di ovviare a questi problemi. Che ti consenta di ottenere tutti i vantaggi della contabilità, senza la noia e il dispendio di risorse che comporta questo straordinario e fondamentale strumento.

Se ti stai chiedendo se dovrai fare il contabile e rendicontare tutte le attività dell'azienda, la risposta è un secco no. La raccolta dei numeri di processo deve essere delegata ai tuoi collaboratori e la contabilità che fa il commercialista deve essere abbinata al controllo di gestione (economico e finanziario).

Se alcuni concetti non ti sono familiari, non ti preoccupare, te li spiegherò nel minimo dettaglio e lo farò utilizzando termini che anche un bambino di 8 anni capirebbe. Quindi non hai scuse e non puoi mascherarti dietro al classico «non sono portato». Oramai sono due anni che mi occupo quasi esclusivamente di questo nella mia attività quotidiana, e non parlo della mia vita imprenditoriale. La mia professione (ti ricordi la differenza che ho sottolineato prima?) è quella di sviluppare un'Intelligenza Artificiale e delle automazioni di processo per la contabilità e la gestione della tesoreria (pagamenti e incassi).

Usa questo libro come un manuale, usa i consigli come degli esercizi pratici, sii curioso e ti accorgerai che l'unica risposta che ogni imprenditore dovrebbe cercare è: *il mio lavoro è guidare.*

Buona lettura e buon lavoro.

P.S. Leggi ogni capitolo fino in fondo, troverai video omaggio e contenuti di approfondimento che ti permetteranno di cambiare per sempre il tuo rapporto con i numeri della tua azienda.

Capitolo 1:

Come dominare i numeri della tua azienda

*Non esiste vento favorevole
per il marinaio che non sa dove andare.* Seneca

Le navi usano la bussola. E le imprese?

Quando presi la patente nautica, una parte dell'esame, quella più difficile, riguardava il "carteggio", vale a dire la capacità di tracciare una rotta, analizzare i venti e le correnti ed essere in grado di raggiungere il porto di destinazione, considerando anche gli imprevisti.

Per il capitano di un'imbarcazione, per quanto piccola, è fondamentale conoscere le apparecchiature di bordo, quantomeno la bussola, che è lo strumento principale, quello che gli permette di capire dove sta andando.

Guidare un'azienda è molto simile a guidare un'imbarcazione, hai un punto di partenza, di solito il 1 gennaio, e un punto di arrivo, convenzionalmente il 31 dicembre. E fra queste due date può succedere di tutto, dovrai fronteggiare i cambiamenti del mercato, come il mutare del vento, i nuovi competitor che insidiano la tua posizione, i temporali imprevisti che rallenteranno la tua navigazione, i problemi con fornitori e dipendenti, così come un equipaggio da comandare.

Tutto molto simile, ma c'è un'enorme differenza: sono molte di più le aziende che ogni anno falliscono rispetto alle imbarcazioni che affondano. Perché? Semplice, perché i capitani hanno la patente nautica, superano un esame, sono consapevoli dei pericoli del mare e usano tutte le più avanzate apparecchiature di bordo per condurre in sicurezza la loro nave in porto.

Gli imprenditori, invece? Se tutto va bene, si preoccupano di pagare i fornitori a fine mese, hanno aperto la loro impresa senza alcuna preparazione finanziaria, non tracciano la rotta, non sanno dove stanno andando, di quante provviste hanno bisogno, quali saranno le condizioni del mercato tra 6 mesi e così via.

Ogni imprenditore dovrebbe stabilire all'inizio di ogni anno quale dovrà essere il risultato del suo lavoro alla fine dell'esercizio:

quanto vuole fatturare, quanto vuole guadagnare, quanti clienti vuole avere e così via. Nell'economia di oggi, con l'elevato livello di competizione che presenta il mercato, non è più pensabile navigare a vista; se non si fissa la destinazione e non si controlla costantemente la rotta, l'unico risultato certo è il fallimento, o la stagnazione.

Per le aziende, il controllo di gestione rappresenta lo strumento fondamentale per condurre la propria impresa, per fronteggiare la crisi, la concorrenza, per sapere quando è opportuno investire e dove è meglio tagliare, per raggiungere importanti obiettivi di crescita.

Il problema è che la maggior parte dei piccoli imprenditori sottovaluta questo aspetto. Guardano i numeri della propria azienda una volta l'anno, tendenzialmente tra aprile e giugno, quando è il momento di redigere il bilancio dell'esercizio precedente e pagare le imposte.

Durante tutto l'anno si sono mediamente lamentati per le troppe tasse da pagare, per le "mazzate di F24", per i soldi insufficienti a fare fronte a tutte le spese impreviste e così via, senza mai prendersi la responsabilità della propria situazione e sperando in un miracolo che puntualmente non avveniva.

Ti dico queste cose perché sono un imprenditore anch'io e, in passato, prima di iniziare a dominare i numeri delle mie imprese, ho avuto anch'io questi problemi. Vediamo se anche tu, da imprenditore, ti sei posto le domande che mi ponevo io:

- Ho raddoppiato il fatturato, ma che fine hanno fatto i miei soldi?
- È il momento giusto per assumere un dipendente? Posso permettermelo?
- È più conveniente acquistare un macchinario o continuare a spendere soldi per noleggiarlo?
- Quanto mi sta costando realizzare questo prodotto?
- Come posso aumentare i miei profitti?
- Quali sono i prodotti/servizi sui quali guadagno di più?
- Quanto devo pagare il mese prossimo ai miei fornitori?
- Quanto devo pagare questo mese di IVA?
- Quante tasse pagherò il prossimo anno?
- Perché pago così tante tasse?

Ti sta ancora accadendo? Ti poni ancora queste domande? È una buona notizia, perché significa che questo libro è proprio ciò di cui hai bisogno. Stai leggendo il testo giusto e, nelle prossime pagine, imparerai a padroneggiare tutti i numeri della tua azienda per capire dove sono i problemi di gestione, dov'è opportuno investire e dove è necessario tagliare e troverai risposta una volta per tutte alle domande che ho appena elencato e a molte altre.

Devi sapere che tutte le risposte alle tue domande legate ai numeri passano per uno strumento chiamato "controllo di gestione". È uno strumento potentissimo – potremmo paragonarlo, per importanza, proprio alla bussola del marinaio – che ti consente di avere in tempo reale dati aggiornati su voci fondamentali per l'azienda come, ad esempio: il budget speso per un determinato prodotto, a quanto ammontano i costi fissi che devi sostenere con il tuo fatturato, qual è il tuo punto di pareggio, qual è la tua posizione finanziaria, come girano i tuoi flussi di cassa e tutta una serie di indicatori che testimoniano la salute e le prospettive della tua azienda.

Il controllo di gestione si divide a sua volta in 4 strumenti principali:

- Conto Economico Riclassificato.
- Centro di controllo KPI.
- Rendiconto Finanziario.
- Pianificazione Fiscale.

Utilizzare questi 4 strumenti ti consentirà in modo efficace di anticipare le difficoltà che incontrerai nello sviluppo del tuo business, di massimizzare l'efficienza della tua impresa e di raggiungere in modo semplice gli obiettivi economici che ti eri prefissato.

Un controllo di gestione efficace fornirà tutte le risposte alle domande che ti poni in merito al tuo business e ti consentirà, allo stesso tempo, se l'andamento non sarà quello atteso, di capire esattamente cosa non funziona e dove intervenire per cambiare direzione.

Ovviamente ogni azienda ha le sue peculiarità, quindi non ho la presunzione di darti una formula magica che risolva tutti i problemi. Senz'altro, però, in questo libro scoprirai quantomeno gli strumenti basilari per prendere il controllo dei numeri della tua impresa, smettendo di navigare a vista. Quando il capitano di una nave procede lungo la rotta tracciata, verifica costantemente l'andamento e la corregge in base ai cambiamenti delle condizioni meteorologiche, dei venti o delle correnti.

E, in quanto imprenditore, dovresti fare la stessa cosa per tua azienda, ossia:

· Stabilire gli obiettivi da raggiungere e l'arco temporale entro il quale verranno raggiunti.

· Tracciare la rotta da seguire in termini di fatturato, costi, investimenti, risorse umane e così via.

· Verificare con cadenza regolare l'andamento.

· Intervenire ogni volta che i risultati ottenuti non rispettano quelli attesi.

La bussola dell'imprenditore

Giunti a questo punto, devi spere che, se il controllo di gestione rappresenta genericamente tutta la strumentazione di bordo, il Conto Economico Riclassificato rappresenta la bussola: lo strumento più semplice, ma anche quello più importante.

Per questo voglio iniziare la spiegazione proprio da questo strumento. Se ti chiedessi cos'è il Conto Economico, sapresti rispondere? Per quanto la risposta sia piuttosto semplice, devi sapere che ho posto questa domanda a migliaia di imprenditori e che la risposta non è stata affatto quella che mi attendevo. Per un imprenditore è una domanda basilare, è come chiedere a un marinaio se conosce la bussola. Invece ho scoperto che la risposta, per molti, non era affatto scontata.

La maggior parte degli imprenditori non conosce la differenza tra Conto Economico e Stato Patrimoniale, confonde i ricavi con le entrate e le uscite con i costi. Ma come può un marinaio andare per mare senza bussola? La risposta è: non può. Si schianterebbe sul primo scoglio che incontra. O sarebbe costretto a rimanere in porto, perché per lui sarebbe l'unico posto sicuro dove stare.

E allora, come può un imprenditore non conoscere il Conto Economico? Semplice, non può. Eppure sono in tanti a non conoscerlo e infatti ci sono tante aziende che chiudono, che vanno male o che semplicemente restano ferme agli ormeggi perché non hanno gli strumenti per crescere. Ma l'obiettivo di ogni imprenditore dovrebbe essere quello di vedere crescere, su basi solide, la propria azienda e per fare questo è fondamentale conoscerne tutti i numeri chiave.

Gestire un'azienda incentrandosi solo sul contenimento dei costi non equivale a gestire un'azienda con l'intento di farla crescere. Se vuoi far crescere la tua azienda, devi compiere un'attenta analisi dei costi e dei ricavi, capendo da dove arriva il profitto e, conseguentemente, stabilire quali costi è giusto sostenere e quali no.

Il primo passo per far crescere l'impresa e raggiungere gli obiettivi prefissati passa per il dominio del Conto Economico, ecco perché parto proprio da qui e perché la sto facendo così lunga su questo argomento. Se impari a leggere cosa c'è dentro il Conto Economico saprai come utilizzarlo per controllare l'andamento della tua azienda.

Il Conto Economico è anche parte integrante del tuo bilancio di esercizio, che si compone appunto di due elementi: Conto Economico e Stato Patrimoniale (ti evito le spiegazioni accademiche, quelle le trovi su Wikipedia). Quindi, il Conto Economico evidenzia il risultato economico, la ricchezza che la tua azienda, durante l'anno, è riuscita a raggiungere, vale a dire quanto ha ricavato e quanti costi ha sostenuto per raggiungere quei ricavi.

Sono certo che anche tu lo guardi, almeno una volta l'anno, ma probabilmente lo fai in un formato a te poco congeniale e – come la maggior parte degli imprenditori – quasi incomprensibile: vale a dire quello analitico che ti fornisce il commercialista prima di calcolare le imposte.

Lo affermo per esperienza: anch'io in passato, infatti, facevo fatica a capire "l'ammasso" di numeri in colonna. Ci sono i partitari contabili che, ovviamente, per te imprenditore non significano nulla. Ci sono le descrizioni puntate per ragioni di spazio, quindi giustamente molte righe non le comprendi a priori. Ci sono poi i "sottoconti" che ti fanno capire (a fatica) da dove derivano e come sono usciti fuori i totali. Verrebbe quasi da dire che, alla fine, interpretare un geroglifico ti sembrerebbe più facile che leggere il Conto Economico della tua azienda, almeno lì ci sono le figure!

Purtroppo questo problema deriva da vincoli normativi e formalità in base alle quali vengono redatti i dati contabili dai nostri commercialisti; ma noi abbiamo stretto un patto: in questo libro io voglio farti conoscere *altri* numeri della tua azienda, quindi me ne fregherò delle formalità e ti spiegherò i numeri che devi guardare per prendere il controllo della tua attività.

Qui infatti non voglio parlarti del classico Conto Economico Analitico, ossia quello che ti fornisce il tuo commercialista o, peggio ancora, di quello CEE che depositi alla Camera di Commercio, ma del Conto Economico Riclassificato, vale a dire la vera bussola dell'imprenditore, che è formato principalmente da tre sezioni (ce ne sono altre, ma per ora mi fermo a quelle principali):

A) *Ricavi*, vale a dire tutto ciò che porta fatturato alla tua impresa, ossia ciò che viene prodotto, le consulenze o i servizi prestati e quant'altro in base alla tua tipologia di attività;

B) *Costi di produzione* (definiti spesso anche costi varabili), che indicano tutti i costi direttamente proporzionali ai ricavi, quindi quelli necessari per produrre quanto indicato nel punto A. Ecco alcuni esempi:

· materie prime;

· consulenti e manodopera a commessa;

· campagne di Direct Marketing;

· provvigioni sulle vendite;

· oneri piattaforme di pagamento.

C) *Costi produttivi* (spesso definiti fissi), che indicano tutti i costi di struttura che non sono proporzionali ai ricavi, ma che comunque l'azienda deve sostenere per operare, a prescindere dai ricavi. Ecco alcuni esempi:

· affitto sede e utenze;

· emolumenti amministratori;

· compensi personale dipendente;

· rimborsi trasferte;

· oneri bancari;

- commercialista/altri professionisti;
- mantenimento server e software.

Rappresentare il Conto Economico con questa divisione ti permette di avere sottomano tutti i numeri della tua azienda in modo organico e comprensibile a una prima occhiata, mettendo in evidenza i tuoi KPI (*Key Performance Indicator*, in italiano Indicatori Chiave di Rendimento).

Più avanti troverai uno specifico capitolo che parla di KPI ma, visto che siamo in tema di Conto Economico, ti dico subito i 4 indicatori del Conto Economico che devi monitorare per guidare la tua impresa:

- Ricavi;
- Margine di contribuzione;
- Punto di Pareggio - Break Event Point (BEP);
- EBITDA.

Non preoccuparti se molte delle parole che leggi ti sono ancora poco chiare, mano mano che andrai avanti con la lettura tutto sarà chiarito.

Come vedi, anche se forse ti può sembrare strano, tra gli indicatori principali da monitorare non ci sono i costi. I costi ovviamente sono importanti e devi tenerli da conto, ma li andrai ad analizzare solo se i suddetti 4 indicatori non rispetteranno le aspettative. Iniziare a monitorare questi 4 parametri, che ovviamente derivano dalle voci di ricavo e di costo, sarà più che sufficiente per cambiare per sempre le sorti della tua azienda.

La bussola sempre in vista

Ora che hai capito dov'è il nord, e quindi quali sono i KPI principali del CER, devi capire come avere la tua bussola sempre sott'occhio. Come probabilmente puoi immaginare, il Conto Economico Riclassificato non nasce a caso, ci sono alcuni passaggi da seguire per arrivare alla sua formazione finale.

Il primo è senz'altro quello di individuare lo strumento mediante il quale svilupparlo; infatti, puoi utilizzare degli appositi software oppure un foglio Excel, che è il metodo più utilizzato, soprattutto da chi lo fa per la prima volta.

Una volta individuato lo strumento, puoi passare alla creazione del tuo Conto Economico Riclassificato "Previsionale", detto anche budget previsionale. È, tra tutti, l'elemento più significativo del controllo di gestione, perché tende a fissare gli obiettivi da perseguire nel tempo, che possono essere riferiti, ad esempio, a politiche di marketing, costi di produzione, investimenti e ottimizzazione delle risorse.

Sviluppare un CER Previsionale significa pianificare ciò che accadrà, in termini di ricavi e costi, in una determinata unità di tempo (un anno, un trimestre, un mese) e, successivamente, riportare i dati effettivi misurando gli scostamenti rispetto alla previsione.

Così come per la nave si traccia la rotta da seguire, l'azienda deve individuare gli obiettivi da raggiungere, quindi, per prima cosa, dovrai dividere ogni periodo di riferimento in tre colonne, rispettivamente così nominate:

- *Budget*: che racchiude la previsione nel periodo di riferimento.
- *Actual*: che indica i risultati conseguiti nel periodo di riferimento.
- *Scostamento*: che mostra la differenza tra gli obiettivi prefissati

e quelli conseguiti.

Ti suggerisco vivamente di prendere "il mese" come orizzonte temporale di riferimento, perché ti permette di essere più repentino nelle correzioni di rotta e ti garantisce con maggiore sicurezza di raggiungere il risultato atteso. Quindi, ipotizzando che tu abbia deciso di usare Excel, all'inizio dell'anno nel tuo foglio di calcolo avrai 12 colonne che rappresentano i 12 mesi dell'anno, a loro volta divise in 3 colonne ciascuna. In ognuna delle colonne budget andrai a scrivere i valori previsionali.

Ogni mese, poi, il tuo budget previsionale andrà confrontato con la realtà degli accadimenti per capire se gli obiettivi sono stati raggiunti o se bisogna intervenire da qualche parte per rimettere la nave in rotta.

Da questo controllo mensile ti accorgerai, ad esempio, se la tua nave sta imbarcando acqua, quindi se sei "sotto" il punto di pareggio (BEP), oppure se il tuo EBITDA è cresciuto più del previsto e puoi sfruttare il momentum per incrementare gli investimenti e raggiungere risultati ancora più importanti di quelli inizialmente attesi.

Mano mano che inizierai a farlo, capirai che controllare mensilmente la differenza tra budget e actual ti darà maggiore consapevolezza dei tuoi mezzi. Avrai il controllo della tua nave e potrai intervenire in qualsiasi evenienza, anche per affrontare un'eventuale burrasca, che sappiamo può essere sempre dietro l'angolo. Per farlo, entro il 10 di ogni mese, dovrai semplicemente inserire nella colonna "actual" i dati del mese appena trascorso e calcolare (se imposti una formula lo Excel, lo fai automaticamente) la differenza, in positivo o in negativo, con il previsionale.

Ora che ti ho spiegato cos'è e come si usa il Conto Economico Previsionale, voglio rispondere subito a quegli imprenditori che credono di non poterlo redigere perché dicono di non essere in grado di prevedere ricavi e costi: *per prima cosa, se non sei in grado di prevedere ricavi e costi, dovresti immediatamente interrompere la tua attività imprenditoriale perché sei un soggetto pericoloso!*

Ti faccio un esempio. Immagina il capitano di una nave che sta imbarcando equipaggio e passeggeri ed è in procinto di mollare gli ormeggi senza una destinazione, senza sapere come sono le condizioni del mare, senza conoscere le provviste che ha a disposizione e senza saper leggere le carte nautiche. Quante probabilità ci sono che la gita in barca si trasformi in una tragedia? Praticamente, più che di probabilità bisognerebbe parlare di certezza!

Ecco, se sei convinto di non essere in grado di prevedere le sorti della tua azienda, se pensi di essere troppo impegnato con il lavoro per perdere tempo con queste cose, beh, fermati immediatamente. Il tuo fallimento è dietro l'angolo, investirà la tua azienda, i tuoi collaboratori, i tuoi clienti, i tuoi fornitori e la tua famiglia, lasciandoti in mezzo a una strada! Pensi che le mie siano parole troppo dure? Fidati, lo faccio per il bene tuo e dell'intera comunità.

Se invece sei tra quegli imprenditori che ne hanno capito l'importanza e la tua obiezione consiste semplicemente nel ritenere di non avere tempo o di non sapere come fare, bene, prosegui nella lettura di questo libro e troverai le soluzioni ai tuoi problemi.

Un errore comune che ho riscontrato parlando con colleghi imprenditori è che, molto spesso, si è abituati a guardare l'andamento della propria azienda basandosi solo sui dati forniti dal bilancio d'esercizio a consuntivo e poi, erroneamente, utilizzare tali dati per programmare il futuro. Se il tuo intento è tracciare la rotta futura, è una delle cose più sbagliate che tu possa fare. Infatti, prendere decisioni guardando al passato difficilmente ti permetterà di creare il presente e il futuro che vuoi.

Immagina di guidare la tua auto fissando soltanto lo specchietto retrovisore, quale sarà il risultato? Come dice Alan Kay, membro della American Academy of Arts and Science, «il miglior modo per predire il futuro è inventarlo».

Quindi, quando crei la tua rotta è importante che tu tenga in considerazione i risultati che sei stato in grado di generare in passato, proiettando poi il budget nel futuro sulla base delle iniziative di marketing che intraprenderai, sulle condizioni di mercato che puoi ipotizzare, sull'andamento delle materie prime, ma soprattutto sul risultato che vuoi ottenere perché, in fondo, l'unico modo per raggiungere una destinazione è decidere la destinazione e poi individuare le risorse di cui hai bisogno per raggiungerla.

Se ti fai condizionare dalle risorse in tuo possesso al momento zero, difficilmente il tuo budget sarà particolarmente entusiasmante. Intendiamoci, sono perfettamente conscio che tu, per il solo fatto di aver deciso di leggere questo libro e imparare a migliorarti come imprenditore, molto probabilmente stia già facendo il massimo con le risorse che hai a disposizione, ma la crescita passa per l'ambizione: più alta sarà la tua ambizione nel definire il budget, più sarà necessario sacrificarsi per trovare le risorse che ti servono per raggiungere quel risultato.

E, ovviamente, per quanto ambizioso, devi essere sufficientemente realistico da scrivere un budget realizzabile, altrimenti sarà solo un esercizio di fantasia.

L'importanza di "aggiustare la rotta"

Il budget previsionale, lo dice il nome stesso, è una previsione. All'inizio di ogni mese, quella previsione deve essere confrontata con la realtà in modo da poter fare le proprie considerazioni su come pianificare le spese e la gestione degli investimenti, in relazione agli utili di esercizio.

Tutto ciò fino a vent'anni fa era appannaggio delle imprese di grandi dimensioni con un notevole fatturato. La globalizzazione e la crescente sfida a raggiungere il massimo grado di competitività nel mercato in cui si opera, ha spinto anche le piccole imprese a dotarsi di quello che viene definito un sistema di controllo di gestione. Perché, di fatto, è solo monitorando, analizzando e intervenendo che si possono aumentare i margini di profitto e ridurre i costi.

Purtroppo però, parlando di PMI, quasi nessun imprenditore fa questi controlli con regolarità. Per la maggior parte di quelli che incontro, e stiamo parlando nell'ordine delle migliaia, il Conto Economico è una seccatura da prendere in mano una volta l'anno, a consuntivo, quando il commercialista chiama perché bisogna fare i calcoli per pagare le imposte.

Questo succede proprio poiché non si dispone di un budget previsionale, redatto in anticipo sull'intero anno, da aggiornare mensilmente. Considera che, se sei diligente, un simile controllo non ti porterà via più di un'oretta al mese. Tuttavia, se non viene effettuato, tu e il tuo commercialista sarete ciechi per quanto riguarda la gestione aziendale. Come ti ho già spiegato, puoi paragonare la gestione del budget alla rotta tracciata sulla mappa e poi seguita da una nave. Durante il tragitto, complici il vento, le variazioni climatiche, la nave finisce inevitabilmente per perdere la rotta.

Dovrebbe andare diversamente: invece di proseguire per la direzione sbagliata, alla prima variazione il radar di bordo "corregge il tiro". Di solito, però, le cose in un'azienda non vanno così: il pilota (l'imprenditore o il professionista che gestisce il business), senza le corrette strumentazioni di bordo (il budget previsionale), non fa il punto mensile e non ricorre al controllo di gestione: in sostanza "naviga a vista".

E anche se si opera un aggiustamento di rotta dopo tre o quattro mesi, magari persino a metà anno, si arriva inevitabilmente agli sprechi. Al contrario, un controllo costante, mensile, con conseguenti aggiustamenti repentini della rotta, permette di arrivare a destinazione deviando il meno possibile.

Solo così si possono valutare e attivare le linee guida che l'azienda dovrà percorrere e metterla in condizione di verificare quale sia la direzione giusta da seguire, in base alle risorse disponibili.

Se lo traduci, è più facile leggerlo

La lettura del bilancio e, in particolare, del Conto Economico non è mai una cosa semplice, perché non è altro che un'infinità di numeri messi uno sull'altro. Ma, prima di concludere questo capitolo, voglio anche fare chiarezza su alcuni termini che ho utilizzato in precedenza.

Ricapitolando, ti ho detto che il Conto Economico è la parte del bilancio che racchiude costi e ricavi dell'esercizio. La riclassificazione del Conto Economico, invece, è una sorta di "traduzione" che aggira i tecnicismi tipici della contabilità e riordina i numeri in maniera diversa, in modo che i valori necessari all'imprenditore per gestire la sua azienda siano immediatamente comprensibili e posti in evidenza.

Nello specifico, attraverso la procedura di riclassificazione, la cosa più importante che avviene è che i costi vengono suddivisi in *costi di produzione* e *costi produttivi*, in funzione del loro legame con i ricavi. Facendo poi la sottrazione tra il totale dei ricavi e i costi di produzione, si ottiene il *margine di contribuzione*, ovvero quell'indicatore che mostra il margine conseguito sul venduto.

È un parametro fondamentale, perché permette prima di tutto di calcolare il Break Event Point (punto di pareggio), cioè il fatturato minimo necessario a coprire i costi fissi (costi produttivi).

Ora che sai anche questo, sottraendo al margine di contribuzione i costi produttivi, ottieni l'EBITDA. Questo acronimo inglese significa "Earnings Before Interest Taxes Depreciation and Amortization" che, tradotto in italiano, rappresenta il reddito prodotto dall'azienda prima del costo del denaro, delle imposte, delle componenti straordinarie, delle svalutazioni e degli ammortamenti. Per dirlo in parole più semplici, la *ricchezza* che produce la tua azienda (come dice sempre il mio socio Gianluca Massini Rosati).

Conoscere il tuo EBITDA è la chiave per capire se stai producendo ricchezza oppure no, se stai guadagnando, quanto pagherai di imposte e quanto varrebbe la tua azienda qualora tu decidessi di venderla. L'EBITDA è forse l'indicatore più importante, se si parla dei numeri dell'azienda.

Se per le grandi multinazionali la riclassificazione del Conto Economico ormai è prassi, per la maggior parte delle piccole imprese non lo è. Eppure, se traduci il bilancio ponendo l'attenzione sul Conto Economico, ti si aprirà un mondo, perché avrai una visione chiara e concreta dell'andamento della tua azienda.

Allo stesso tempo, le piccole imprese sbagliano nel considerare il bilancio un semplice documento che serve a dare una valutazione dell'utile aziendale o dall'analisi dei ricavi, oppure per comparare i costi dell'anno corrente con quelli dell'anno precedente.

E si commette un errore anche se non si analizzano i costi e se questi non vengono divisi, in base alla loro natura, tra costi di produzione e costi produttivi. Saper distinguere e classificare i costi è una pratica fondamentale della riclassificazione, ma soprattutto del controllo di gestione.

La classificazione dei costi è molto importante per farti capire quanto spendi per ogni fornitore o per ogni tipologia di fornitura; solo così riuscirai a comprendere in che modo hai speso e a stabilire il prezzo di vendita del prodotto.

Il controllo dei costi è una delle operazioni più importanti che ogni imprenditore dovrebbe fare, ma è anche una di quelle che di solito non fa mai, ignaro del vantaggio che questo può portare all'azienda. Attraverso il controllo dei costi, sarà più semplice stabilire il prezzo di vendita dei prodotti.

Se non sai quanto costa produrre un prodotto, non lo venderai mai al giusto prezzo, quindi i tuoi profitti saranno tendenzialmente più bassi di quelli che potresti conseguire, oppure le tue vendite risentiranno di un prezzo troppo alto o di una politica commerciale errata.

La determinazione del prezzo di vendita, quando non si ha un controllo dettagliato dei costi, viene fatta facendo leva sulla somma tra:

• costo delle materie prime;

• costo del personale;

• spese generali.

A questo puoi aggiungere il margine di profitto ed hai il prezzo di vendita. Ma funziona veramente così? Ovviamente no. Nella determinazione del prezzo di vendita è particolarmente importante prendere in considerazione i costi produttivi, che vanno a incidere, e non poco, sul margine finale. Ad esempio, devi considerare anche molti altri costi presenti nell'azienda. Quindi, solo effettuando una netta distinzione tra costi fissi, variabili, diretti e indiretti, potrai avere una stima dei costi con un margine di errore ridottissimo.

Riclassificare le voci di Conto Economico e del bilancio, dunque, in generale serve per fare ordine, così da monitorare, su base trimestrale o mensile, i dati e correggere tempestivamente qualora ci siano dei problemi. Naturalmente la riclassificazione del bilancio non è obbligatoria ma, se finora ti sei mosso alla cieca e ti è andata bene, non è detto che la stessa cosa succederà in futuro.

Spendere di meno o fatturare di più?

Questa domanda può sembrare un dubbio amletico e ti garantisco che la risposta non è affatto scontata. Alla luce di quello che ti ho spiegato poco fa, dovresti aver capito la differenza tra costi di produzione e costi produttivi e come questi abbiano un impatto decisivo sulle tue marginalità. Consapevole di questo, puoi ora capire se il tuo problema sono gli uni o gli altri, e su quali intervenire per incrementare i tuoi profitti.

Molti imprenditori, e spesso anche molti consulenti, parlano dei costi produttivi definendoli "fissi", ma in realtà non sono affatto fissi. Di fatto anche i costi produttivi variano, benché non varino in modo direttamente proporzionale ai ricavi, come invece accade per i costi di produzione.

Pertanto possiamo dire che i costi produttivi sono "a scaglioni", infatti sono costi fissi fino a un certo scaglione di attività o di fatturato, poi si attestano sullo scaglione successivo e restano tali fino a un altro volume di fatturato e così via.

Detto questo, se il tuo problema sono i costi produttivi e hai già fatto di tutto per ridurli – non riesci più a tagliare sul costo della carta igienica del bagno o sulla bolletta del telefono – allora molto probabilmente la soluzione per te si chiama aumentare il fatturato. Nella maggior parte dei casi, infatti, quando non si possono ridurre questi costi, si riesce a supportare con gli stessi costi un maggiore volume di fatturato, generando quindi maggiore margine di contribuzione e di conseguenza maggiore EBITDA. Ormai dovresti essere in grado di capire al volo questi ragionamenti.

Se, al contrario, il problema che incide sulla tua marginalità fossero i costi di produzione, perché magari hai delle linee di prodotti o servizi con un margine di contribuzione negativo, aumentare il fatturato non farebbe altro che peggiorare la situazione, perché quella linea di ricavo è in perdita netta e aumentarne la vendita porterebbe in perdita anche il resto dell'azienda, mangiando il margine che fai con altre linee di produzione.

Ecco quindi che entrano in gioco il "centro di ricavo" e il "centro di costo". Se hai più linee di prodotti o più attività all'interno della tua azienda, devi essere in grado di capire quali centri di ricavo sono maggiormente proficui e qual è la percentuale di costi produttivi che quelle linee di ricavo vanno a coprire.

Devi stare molto attento in questo. Infatti, a volte sento imprenditori che tagliano delle linee di prodotto perché magari hanno una bassa marginalità di contribuzione ma, così facendo, perdono una parte di ricavi che era necessaria a coprire i costi produttivi.

Quando si decide di tagliare una linea di prodotto, bisogna sempre analizzarne le conseguenze sull'intero Conto Economico, e spesso non è detto che sia la scelta giusta. Quella linea di prodotto potrebbe sostenere parte dei costi a scaglioni e, se si taglia integralmente quel ricavo, si rischia di non essere più in grado di saturare la capacità dello scaglione.

Il bilancio si chiama così perché è qualcosa che deve essere in equilibrio e a volte gli equilibri sono fatti da piccoli dettagli. Per questo dico che bisogna analizzarli integralmente.

Come vedi, quindi, a volte è facile dire "taglio i costi e guadagno di più", ma in realtà non è detto che sia così e, se anche lo fosse, devi anzitutto sapere quali costi puoi veramente tagliare e quali invece sono necessari al tuo business, motivo in più per conoscere e riclassificare il tuo Conto Economico, come vedrai, nella pratica, tra qualche pagina.

Dalla teoria alla pratica

Come hai potuto capire, il Conto Economico ti consente di verificare l'andamento economico dell'azienda. A questo punto è fondamentale passare alla redazione del tuo Conto Economico Previsionale (budget), in modo da stabilire gli obiettivi e verificare eventuali scostamenti.

Il Budget Previsionale ha questo nome perché viene redatto in anticipo partendo dai dati storici (il budget dell'anno precedente) e ne scriveremo le cifre mediando tra l'ambizione dell'azienda, lo storico e l'andamento del mercato nell'anno in corso.

Se vuoi iniziare a gestire la tua azienda come una "vera azienda" redigere il bilancio previsionale non è un optional, bensì un obbligo!

Nel predisporre il budget, l'importante è avere chiari in testa gli obiettivi e le strategie che la tua azienda intende raggiungere in un determinato periodo di tempo. Se non hai delle precise strategie, te lo dico fin da subito, è inutile predisporre un budget, perché sarebbe veramente una perdita di tempo. Quindi, prima di iniziare, devi porti queste domande:

- In che situazione si trova attualmente la mia azienda?
- Quali sono le difficoltà riscontrate nella mia azienda?
- Quali azioni posso intraprendere per sopperire alle difficoltà?
- Quali sono gli obiettivi che l'azienda vuole raggiungere nell'arco temporale di 12 mesi?
- Attraverso la struttura organizzativa attuale, è possibile raggiungere gli obiettivi prefissati?

Non vi è un momento specifico per la predisposizione del budget. Prima si predispone, meglio è. Per svilupparlo, devi avere chiaro un arco temporale di riferimento. In linea di massima, la redazione avviene una volta l'anno e fa riferimento a un esercizio, cadenzato per mese o, in alternativa, per trimestre.

L'efficienza di un piano di budget non dipende solo dall'arco temporale di riferimento, ma anche dai dati, analiticamente certi ed affidabili, su cui questo deve basarsi. Perciò, oltre alla previsione, devi aggiornarlo mensilmente prendendo i dati dalla contabilità analitica e riclassificandoli in base al modello che ti ho spiegato in precedenza.

Crea il tuo budget previsionale in 9 passi

Come hai potuto capire, per rendere la tua azienda più profittevole, l'unico modo è abbandonare la gestione, per così dire, "a sentimento" e passare a un sistema un po' più strutturato basato sul budget, indipendentemente dalla dimensione della tua azienda. Anche se non sei una multinazionale, non hai più alternative: è con le multinazionali che devi competere e devi iniziare a giocare al loro stesso gioco, quello dei numeri.

Il budget è il cuore del controllo di gestione. Sviluppare un budget significa prevedere e prendere provvedimenti ogni qualvolta vi sia uno scostamento rispetto alle aspettative. Nella tua strumentazione di bordo, il budget è la bussola, quindi lo strumento più semplice, ma anche il più importante per programmare il futuro e controllare l'andamento della tua impresa. È grazie al budget che definisci gli obiettivi per poi capire se li stai raggiungendo oppure no.

Lo scopo del budget è segnare la rotta e, solo usandolo in modo adeguato, avrai tutto sotto controllo. Al contempo, però, se non lo hai mai utilizzato, potrebbe sembrarti uno strumento di pianificazione complesso – purtroppo non tutti hanno familiarità con i numeri – ma sono convinto che anche tu sia in grado di usarlo e te ne darò una prova, perché ti aiuterò a costruire il tuo budget passo dopo passo.

La formazione del budget è un processo verticale: si parte dall'alto per arrivare in fondo e avere un risultato chiaro di quello che si vuole ottenere. La sua formazione avviene mediante valori che sono collegati tra loro e ognuno di essi è dipendente dell'altro.

Il modo più comune per creare il budget è usare un programma che tutti hanno sul proprio computer: un foglio di calcolo tipo Excel. Chiunque sappia usare un computer può creare il suo Conto Economico basilare e avere la bussola della propria azienda. Arrivati ai giorni nostri, senz'altro non è il metodo più all'avanguardia, ma per te che stai muovendo i primi passi in questo mondo sarà già una rivoluzione.

Certo, dovrai dedicargli del tempo, sia per crearlo la prima volta sia per aggiornarlo tutti i mesi ma, se vuoi sopravvivere e vincere la competizione con i tuoi concorrenti e con lo Stato, non puoi farne a meno.

Più avanti ti svelerò anche un segreto per farlo impiegando pochi minuti al mese – hai capito bene, pochi minuti al mese – ma per il momento devi imparare a farlo da zero e conoscere le regole di base.

Immagina di essere il capitano di una nave, ormai i capitani non usano più la bussola come facevano i pirati 500 anni fa, oggi esiste il GPS e la nave va praticamente da sola, ma qualunque capitano, proprio perché sa leggere la bussola, saprebbe trovare la direzione anche se il GPS andasse in avaria.

Per te deve essere la stessa cosa: impara a costruire la tua bussola artigianale con Excel e impara a farlo bene per evitare errori nelle formule che possono costarti molto cari. Poi ti dirò come usare l'Intelligenza Artificiale che lo può fare al posto tuo e che, senza il rischio di errore, ti fornisce tutte le soluzioni con un click.

Primo passo

Sappi che sto per spiegarti, un click dopo l'altro, come creare il tuo Conto Economico Riclassificato Previsionale. So già che, invece di metterti al computer a fare quello che ti spiegherò, ti starai chiedendo: «Ma perché non mi dai direttamente il file Excel?» La risposta è che vorrei che imparassi a farlo, perché per me ha fatto tutta la differenza del mondo. Ma se proprio non hai voglia di farlo, vai al passo 9 e troverai una sorpresa.

Se invece sei ancora dell'idea di imparare, procedi come segue:
A. Apri un nuovo foglio di calcolo e, per ora, lascia la prima colonna vuota.

B. Assegna a ciascuna delle colonne successive il nome di un mese, in ordine, dividendo ogni mese in 3 sotto-colonne.

C. Dopo la colonna «Dicembre» inserisci l'anno (sarà la colonna dei totali).

	Anno 2019										
	Gennaio				Febbraio				Marzo		
Budget	Actual	Scostamento	Scost. %	Budget	Actual	Scostamento	Scost. %	Budget	Actual	Scostamento	Scost. %

Secondo passo

La colonna lasciata vuota all'inizio è quella in cui descriverai i costi e i ricavi della tua azienda; quindi, per cominciare, inserisci le voci corrispondenti ai ricavi.

Terzo passo

Come secondo gruppo di voci inserisci i costi di produzione, come ti ho spiegato in precedenza.

Quarto passo

Dopo i costi di produzione, lascia una riga vuota che serve a indicare il margine di contribuzione (o MDC). Questo dato lo puoi far calcolare automaticamente al foglio di calcolo. La formula è una semplice sottrazione: MDC = Ricavi - Costi di Produzione. E ovviamente puoi inserirlo anche in percentuale: MDC% = MDC/RICAVI*100

TOTALE COSTI DI PRODUZIONE

MARGINE DI CONTRIBUZIONE

MDC%

Quinto passo

Ora, sotto al margine di contribuzione, inserisci i costi produttivi.

Sesto passo

A questo punto puoi calcolare anche il Break Even Point (o BEP), ovvero il punto di pareggio. Per calcolare il BEP puoi usare la seguente formula: (costi produttivi * ricavi) / MDC.

TOTALE COSTI PRODUTTIVI

BEP

Settimo passo

Adesso inserisci i "totali": il totale dei costi e l'EBITDA.

Ottavo passo

Per avere un'indicazione chiara e immediata che a colpo d'occhio ti faccia capire l'andamento del tuo Conto Economico, evidenzia con colori diversi alcune righe del budget:

- Totale ricavi.
- Totale costi di produzione.
- Totale costi produttivi.
- Margine di contribuzione.
- BEP.
- EBITDA.

Nono passo

A questo punto, lo scheletro del tuo budget è pronto. Al passo 1, però, **ti avevo promesso una sorpresa**: al sito www.imprenditoredelfuturo.com/bonus puoi scaricare il mio Google Sheet (un foglio Excel online) già preimpostato per creare il tuo CER Previsionale. Puoi completarlo aggiungendo formule e conteggi automatici in base alle tue competenze informatiche, ma anche solo con somme e sottrazioni vedrai che tutto funzionerà correttamente.

Ora non resta che inserire i numeri della tua azienda. Se lo stai redigendo "in anticipo", com'è giusto che sia, i numeri li metterai nella colonna "budget" di ogni mese e questo documento prenderà il nome di budget previsionale o Conto Economico Previsionale. Altrimenti, se l'anno è già cominciato, compilerai direttamente la colonna "actual" per i mesi trascorsi e la colonna "Budget" per i mesi a venire, in modo da iniziare a tracciare la rotta che ti porterà fino alla fine dell'anno.

Mi sembra già di sentire la tua vocina che obietta: «Ma io non ho la sfera magica, come faccio a sapere quanto fatturerò il mese prossimo?» Ovviamente nessuno ha la sfera magica ma, se tu dovessi farmi questa domanda, mi verrebbe da dire che tutte le cose viste fino a qui non siano servite a nulla...

Per preparare il tuo budget previsionale devi far funzionare il cervello: puoi partire dai dati storici (per esempio il bilancio dell'anno precedente) e scrivere le cifre future mediando tra la tua ambizione, la tua storia, l'andamento del mercato e le iniziative da pianificare che metterai in campo durante l'anno.

E se ora che hai capito tutto, e che hai anche impostato il tuo budget, ti dicessi che tutto questo oggi lo puoi fare tranquillamente con un semplice click? Non voglio ancora svelarti nulla, dovrai aspettare il capitolo 4 di questo libro.

Sei invece sei troppo impaziente per aspettare, scopri la piattaforma d'intelligenza artificiale più avanzata al mondo per fare questo genere di cose a questo link:
www.imprenditoredelfuturo.com/consulenza

Prendi il controllo e guida la tua azienda verso la giusta direzione Arrivati a questo punto, ti sarai reso conto che non puoi navigare a vista: o tieni sotto controllo i numeri, o non saprai dove sta andando la tua azienda e, se sta andando verso il baratro, non potrai evitarlo! *Agire d'istinto, in un'azienda, a volte può portare a delle decisioni giuste che possono portare profitti, ma non è affatto certo. Decidere in base ai numeri è più efficace, perché i numeri non mentono mai, quindi lascia da parte l'intuito e affidati ai numeri.*

Il controllo di gestione, di per sé, non fornisce soluzioni al problema, ma mette in evidenza il problema e ti aiuta a prendere la decisione più adeguata, in maniera razionale e non sulla base delle emozioni. Il controllo di gestione ha il dovere di fornire una rappresentazione dell'andamento aziendale, individuando tutti i fattori che hanno consentito il raggiungimento di determinati risultati, positivi o negativi che siano.

Purtroppo, molti piccoli imprenditori e professionisti tendono a guardare i numeri della loro attività solo una volta l'anno, con il commercialista, nella fase di chiusura del bilancio e spedizione delle dichiarazioni fiscali, e spesso l'unica finalità è il conteggio delle tasse da pagare.

Sia nella fase di avvio di una nuova impresa, sia nella definizione delle strategie per sviluppare e far crescere un business, si parla sempre troppo poco di quali numeri i professionisti e i piccoli imprenditori devono controllare, soprattutto per sapere nell'immediato se il loro business sta crescendo e si sta sviluppando in modo sano.

Professionisti e piccoli imprenditori hanno sicuramente bisogno di strumenti come il controllo di gestione, più che degli indicatori di bilancio ma, molto spesso, per problemi di budget, di tempi e di sistemi informativi interni spesso assenti, hanno anche bisogno di strumenti snelli, veloci da costruire e, soprattutto, in grado di monitorare tutti gli aspetti della gestione aziendale.

Come già detto, si può paragonare la guida di un'azienda a quella di una nave e il controllo di gestione a uno strumento come la bussola utilizzata dal timoniere. Ricordi? Per gli imprenditori dovrebbe funzionare allo stesso modo: dovrebbero avere degli strumenti che, istante per istante, gli consentano di tenere sempre sotto controllo la propria azienda, evitando di andare a schiantarsi a causa di difficoltà che non vedono.

Il concetto di fondo è semplice: l'imprenditore deve avere a disposizione uno strumento che gli consenta di guidare la sua azienda senza sforzi e mantenendo sempre ben saldo il controllo sul progetto.

Il segreto è il monitoraggio in tempo reale di entrate e uscite e la pianificazione costante delle successive esigenze di liquidità per pagare IVA, tasse e fornitori. Anche solo avere quotidianamente molto ben presente questi elementi può fare la differenza.

E per le tasse?

In questo libro parlo in abbondanza di controllo di gestione e Conto Economico Previsionale e c'è ancora molto da dire, ma voglio evitare di scendere nei tecnicismi. L'ultimo argomento che non posso non trattare è quello delle "tasse", perché anche queste nascono proprio dal Conto Economico.

Il mio socio Gianluca Massini Rosati è senz'altro più ferrato di me sull'argomento ma, nel trattare i numeri dell'azienda, non posso non parlare di quelli che spesso rappresentano un vero punto dolente per ogni imprenditore e professionista.

Molto spesso sento imprenditori lamentarsi delle tasse, del fatto che non rimane loro nulla e che lavorano per lo Stato, ma c'è una cosa che dico sempre a questi imprenditori: le imposte non nascono dalla sera alla mattina, non si materializzano dal nulla.

Se prima di ricevere l'F24 dal tuo commercialista non eri già consapevole delle imposte che saresti andato a pagare, il tuo problema non sono le tasse, il tuo problema sta proprio nel Conto Economico o nella mancanza di controllo di gestione.

Le imposte, come anche l'IVA da versare, vengono calcolate sui tuoi redditi o sul tuo volume di fatturato quindi, controllando questi ultimi attraverso un normale processo di controllo di gestione, potrai evitare di cadere dalle nuvole ogni volta che ricevi un F24 da pagare e finalmente potrai confrontarti con il tuo commercialista per fare quella che viene definita "pianificazione fiscale". Ma questo è proprio l'argomento di Gianluca Massini Rosati e lascio a lui gli approfondimenti.

Senza un adeguato strumento per il controllo di gestione è impossibile calcolare il tuo EBITDA e, se non conosci l'EBITDA, nessun trucco, segreto o strategia ti permetterà di ridurre il peso del fisco.

Ti posso garantire che se chiedessi a 100 imprenditori quale percentuale di tasse pagherà quest'anno, 97 di loro mi direbbero semplicemente un numero a caso superiore al 40-50%, perché lo sappiamo che in Italia la pressione fiscale è alle stelle, ma pochi sono in grado di capire cosa stanno pagando quando ricevono un F24.

Se lo sapessero, grazie al Conto Economico, probabilmente saprebbero fare la pianificazione fiscale e potrebbero sfruttare anche tutte quelle agevolazioni che ogni governo inserisce nella Legge di Bilancio ma che, invece di andare a beneficio di tutti, finiscono sempre per beneficiare solo alcuni. Attenzione, non i ricchi o le grandi aziende, come si potrebbe facilmente concludere, ma gli imprenditori e i professionisti che hanno sviluppato quella che Gianluca chiama "intelligenza fiscale".

Di fatto, se anche tu sei un imprenditore il cui reddito subisce un'imposizione fiscale elevata, vuol dire che non hai ancora sviluppato questo tipo di intelligenza, probabilmente perché non hai voluto approfondire la materia per mancanza di interesse o semplicemente perché hai deciso di concentrarti solo ed esclusivamente sul tuo business, senza pensare, però, che anche l'imposizione fiscale è un tuo "business" in uno Stato come l'Italia.

Vedi, ridurre le imposte che paghi non è solo importante, ma è vitale per un'impresa che vuole crescere, perché così può contare su risorse che altrimenti non avrebbe, può investire di più e fronteggiare meglio la competizione internazionale. Ma vuoi sapere qual è la bella notizia? Se inizierai a mettere in pratica quello che trovi in questo libro, anche le imposte non avranno più alcun segreto per te. Le imposte nascono dai numeri del Conto Economico e, una volta che dominerai quest'ultimo, non avrai più problemi ad affrontare le scadenze degli F24 da pagare.

Sapendo leggere il Conto Economico, potrai fare squadra con il tuo commercialista e usare gli strumenti che trovi in questo libro anche per pagare meno tasse, oltre che per prendere il controllo della tua azienda.

Omaggio per il lettore
Voglio farti i complimenti per essere arrivato al termine di primo capitolo. Alcuni l'avrebbero subito bollata come una lettura impegnativa, troppo difficile in alcuni passaggi, *ma non tu! Tu hai*

tenuto duro e per questo voglio premiarti con il video di un corso in cui il mio socio Gianluca Massini Rosati spiega esattamente quello che hai imparato in questo capitolo.

Vai su www.imprenditoredelfuturo.com/bonus e scarica il video corso gratuito: "I segreti del conto economico previsionale".

RIEPILOGO DEL CAPITOLO 1:

- SEGRETO n. 1: il controllo di gestione ti consente, in modo efficace, di anticipare le difficoltà che incontrerai nello sviluppo del tuo business, di massimizzare l'efficienza della tua impresa e di raggiungere in modo semplice gli obiettivi economici che ti eri prefissato.

- SEGRETO n. 2: se impari a "tradurre" il Conto Economico saprai come utilizzarlo per classificare i costi e avrai in mano le chiavi della tua azienda.

- SEGRETO n. 3: il budget previsionale è l'elemento fondamentale del controllo di gestione, perché tende a fissare gli obiettivi da perseguire nel tempo e permette di monitorare se questi vengono raggiunti e di intervenire ogni volta che i risultati ottenuti non rispettano quelli attesi.

- SEGRETO n. 4: agire d'istinto è una pratica errata; decidere in base ai numeri è più efficace, perché i numeri non mentono mai, quindi lascia da parte l'intuito e affidati ai numeri!

- SEGRETO n. 5: anche le tasse derivano dal Conto Economico perciò, se vuoi ridurre l'impatto del fisco, è ancora una volta a questo che devi prestare attenzione.

Capitolo 2:
Come pianificare il futuro del tuo business

Le cose buone capitano solo se sono state pianificate;
le cose cattive capitano da sé. Philip B. Crosby

Per controllare bisogna pianificare

In un'azienda, il controllo di gestione è l'unico strumento che permette all'imprenditore di controllare se sta raggiungendo gli obiettivi che ha stabilito durante la fase di pianificazione oppure no.

Infatti, mediante la misurazione di determinati indicatori, hai la possibilità di rilevare lo scostamento tra i risultati conseguiti e gli obiettivi fissati.

Quindi, per controllare bisogna prima pianificare, e questo è ovvio. Quando parlo di pianificazione, intendo quel processo mediante il quale vengono definiti gli obiettivi che un'azienda intende raggiungere nel tempo.

Quando invece parlo di programmazione, mi riferisco alla definizione delle attività attraverso le quali gli obiettivi pianificati verranno raggiunti. Quindi la definizione delle risorse strumentali, umane e finanziarie da mettere in campo per arrivare alla meta.

Lo scopo è quello di raggiungere gli obiettivi nei tempi previsti e nei modi più efficienti e, se vuoi essere sicuro di farcela, un errore da evitare è non individuare gli indicatori essenziali che misurano le prestazioni della tua attività.

Ovviamente, una volta individuati non devi fermarti all'osservazione, ma devi capire come si compongono e come intervenire in base ai dati che leggerai.

Per fare questo ti viene in aiuto il Ciclo di Deming, ovvero un metodo utilizzato per il controllo e il miglioramento continuo dei processi produttivi, che si basa su 4 punti fondamentali.

CICLO DI DEMING	
P - Pianificazione	Stabilisci gli obiettivi che intendi raggiungere in un arco temporale di tempo che solitamente è di un mese. A questo punto ti chiederai *"ma come raggiungo questi obiettivi?"*, in modo molto semplice, ovvero stabilendo, accuratamente le strategie che dovrai eseguire per poter arrivato al risultato prestabilito.
D - Esecuzione	Stabilite le strategie da seguire per raggiungere gli obiettivi, passa all'azione. Questa fase si basa su 3 principali fondamenta: • attua il piano • esegui il processo • crea il prodotto (servizio) Sempre in questa è importante che tu raccolga i dati che ti serviranno per le due fasi successive.
C - Test e controllo	Come dice il nome stesso, in questa fase, devi controllare i dati che hai raccolto nella fase precedente. Studi i risultati, li misuri e li analizzi, così da poter trarre dei riscontri: ovvero • *"quello che ho pianificato prima, è stato portato a termine?"* • *"perché non è stato possibile raggiungere alcuni risultati?"* Quindi devi verificare se hai raggiunto o meno gli obiettivi e, nel caso in cui non li hai raggiunti, capire il perché.
A - Azione	Se ci sono stati degli scostamenti tra gli obiettivi prefissati e quelli raggiunti, devi agire per migliorare il processo! Devi analizzare le differenze per capire dove intervenire e applicare le modifiche che ti consentiranno di ottenere un miglioramento. Se gli obiettivi sono stati raggiunti o addirittura superati, l'azione conseguente sarà semplicemente quella di alzare il target per la prossima pianificazione. Sei stato poco ambizioso.

KPI: misura le prestazioni della tua azienda

Oltre al Conto Economico che abbiamo analizzato nel capitolo precedente, attraverso il quale puoi monitorare ricavi, costi e marginalità, all'interno della tua azienda c'è tutto un altro mondo di numeri che non puoi monitorare utilizzando questo strumento. Alla fine, anche questi numeri avranno un impatto sul Conto Economico, perché incidono sulle performance dei vari reparti e, di conseguenza, sugli aspetti economici. Ma proprio perché gli effetti si vedono a posteriori, devi monitorarli in un altro modo, con strumenti e modalità diversi.

Ti faccio un esempio per andare subito al concreto. Se i tuoi venditori chiudono 3 vendite ogni 10 appuntamenti, o 3,5 vendite ogni 10 appuntamenti, questo 5% di differenza farà un'enorme differenza sul tuo Conto Economico, ma questo valore non lo trovi rappresentato nel bilancio.

Essendo così importante, però, non puoi non avere sotto controllo queste informazioni, perché solo analizzando questi dati potrai avere i parametri per prendere determinate decisioni.

Le informazioni permettono di misurare l'andamento aziendale nei suoi più svariati aspetti e possono essere classificate in:

- informazioni critiche, poiché su di esse si basano le scelte strategiche;
- informazioni sintetiche, perché espresse da una variabile semplice (tempo o fatturato) o composta (ad esempio fatturato per addetto, cioè fatturato per numero di personale coinvolto nella produzione);
- informazioni significative, in quanto rappresentano i fenomeni aziendali ai quali si riferiscono;
- informazioni prioritarie, utili per pianificazione e controllo e riguardanti tutto il comparto aziendale (strategico, direzionale, operativo).

Tra tutti gli indicatori, vi sono i KPI (Key Performance Indicator) ovvero gli "indicatori chiave di rendimento". Si tratta degli indicatori più importanti, e che qualsiasi azienda deve necessariamente utilizzare, perché servono a misurare "come" sta funzionando l'azienda.

I KPI, sostanzialmente, consistono in una serie di indicatori qualitativi e quantitativi che misurano i risultati aziendali conseguiti con riferimento ad aspetti fondamentali come, ad esempio, il conseguimento di una determinata quota di mercato, le percentuali di conversione marketing/commerciali, il raggiungimento di un certo standard qualitativo, le prestazioni di efficienza, il livello di servizio, il grado di fedeltà della clientela nel riacquisto e così via.

Sono le metriche di business più importanti per qualsiasi azienda, perché il raggiungimento degli obiettivi aziendali è possibile proprio grazie ai KPI che, se vengono monitorati attentamente nel tempo, permettono di identificare facilmente trend o eventi critici che possono compromettere l'attività aziendale. Pertanto è necessario prima stabilire l'obiettivo economico che la tua azienda vuole raggiungere e poi, attraverso i KPI, monitorare le performance che permettono di arrivare a quell'obiettivo.

Gli indicatori possono essere classificati in tre macro-categorie:
- KPI Direzionali, legati a valutazioni economiche/gestionali;
- KPI di Processo, legati alle attività gestionali e ai flussi di lavoro;

- KPI di Produzione, legati alle attività produttive e logistiche.

Le caratteristiche di un KPI sono cinque:
- *numericità*: deve poter essere espresso numericamente;
- *riferibilità*: deve essere presente un valore di riferimento da raggiungere;
- *funzionalità*: deve potersi integrare con le attuali strategie dell'azienda;
- *direzionalità*: deve poter essere in grado di indicare il vero andamento dell'azienda;
- *fattibilità*: deve poter essere osservato facilmente per misurare i risultati.

Questi misuratori possono essere distinti per oggetto di misurazione.

La prestazione di efficienza

Intendo, ad esempio, quegli indicatori che misurano la produttività o i costi unitari sostenuti per poter ottenere i servizi o i prodotti destinati alla vendita.

La prestazione di efficienza dovrebbe essere l'obiettivo primario che ogni imprenditore si prefigge di conseguire, in quanto permette di calcolare il margine tra costi sostenuti e attività (cioè vendite). La tua azienda sarà assolutamente efficiente quando:

- con le stesse risorse è in grado di ottenere un maggior valore di ricavi;
- ottiene gli stessi ricavi con minore utilizzo di risorse.

Questo per quanto riguarda l'efficienza interna, perché devi sapere che questa viene calcolata e rapportata anche all'ambiente nel quale operi. Sto parlando di quella che definisco efficienza esterna, che riguarda il rapporto della tua azienda con l'ambiente in cui opera, inteso sia come mercato, sia come rapporto con i clienti e fornitori.

A titolo esemplificativo, se pensi all'efficienza dal lato degli acquisti, può essere intesa come la capacità dell'impresa di trovare la soluzione migliore per ottenere le risorse produttive necessarie alla realizzazione del suo prodotto, abbattendo i costi e gli eventuali sprechi.

Se invece viene vista dal lato del cliente, può essere intesa come la capacità dell'azienda di capire, attraverso un'attenta analisi di mercato, il tipo di prodotto che la clientela ricerca e portarlo alla produzione. Evitando, di fatto, che, i prodotti rimangano invenduti e quindi anche gli sprechi inutili.

Se la merce rimane in magazzino non è un segno di particolare efficienza, perché l'analisi che hai fatto probabilmente non ti ha fornito le giuste indicazioni operative.

Il livello di servizio

Questi indicatori possono misurare, ad esempio, i tempi di risposta alle richieste del cliente e la flessibilità del fornitore. Ad esempio, il time to market, il lead time, la percentuale di modifiche accettate, il livello globale del servizio percepito dal cliente.

Se prendiamo in considerazione la tempistica di produzione di un bene, riuscire a ridurla vuol dire rendere l'azienda ancora più flessibile e, nella maggior parte dei casi, permetterle di ottenere una maggiore marginalità, dovuta proprio all'efficienza produttiva.

Sviluppando la flessibilità, l'azienda ha anche una maggiore capacità di reazione alle variazioni del mercato e quindi può affrontare meglio le difficoltà impreviste ed evitare di perdere tempo lungo il cammino, con conseguente vantaggio per gli utili finali.

La qualità dei processi aziendali
In questo caso non mi riferisco alla qualità intesa come caratteristica del prodotto (forma, praticità, innovazione), ma alla qualità dei cicli e dei soggetti responsabili di ogni comparto aziendale. In sostanza, alla capacità della forza lavoro. In questo caso gli indicatori possono misurare la conformità degli output rispetto alle attese della clientela.

Ad esempio, si possono prendere indicatori tipici quali percentuali di scarti e resi. Questo potrebbe fra l'altro aiutare a capire se l'utilizzo di un nuovo macchinario che ha ridotto drasticamente i tempi e costi produttivi non abbia però comportato il peggioramento dell'esperienza utente.

Il parametro qualità può essere facilmente collegato anche a un'altra metrica di misurazione, ovvero la tempestività, intesa come la capacità di portare a termine più attività nel minor tempo possibile. La riduzione dei tempi aziendali rende l'azienda ancora più flessibile, aumentando la capacità di reazione a ogni variazione del mercato, ma anche di saper leggere e suddividere il lavoro in fasi di lavorazione il più brevi possibili, aumentando anche la competitività.

È molto importante capire quali sono gli indicatori chiave del rendimento della tua azienda, perché non sono uguali per tutti; ogni azienda è diversa e ognuna ha i suoi KPI. Tra breve capirai il perché.

Perché usare i KPI

I KPI sono determinanti per perfezionare sempre di più i processi aziendali. Gli indicatori chiave di prestazione sono fondamentali per il business, perché aiutano l'imprenditore a concentrarsi sulle varie fasi produttive e a garantire che tutto segua i piani stabiliti. Quindi aiutano a rispettare gli obiettivi e a raggiungerli più velocemente, evidenziando la direzione verso cui orientare gli sforzi.

Più che per misurare una prestazione, i KPI sono utili soprattutto perché consentono all'imprenditore di intraprendere tempestivamente azioni correttive volte a colmare il gap tra risultati attesi e risultati conseguiti.

Inoltre, permettono di misurare l'andamento aziendale in quanto sono rappresentate da variabili quantitative o qualitative comunque confrontabili (lead time del ciclo ordine-consegna di oggi rispetto a ieri, o di Alfa rispetto a Beta).

Gli indicatori di performance, dunque, a differenza degli indicatori economici, sono definiti da una prestazione controllabile e hanno un legame causa-effetto con il risultato. Vediamo un esempio.

Se tu volessi partecipare alle Olimpiadi, vincere la medaglia d'oro sarebbe un indicatore di risultato che non dipenderebbe solo da te, ma anche dagli avversari che trovi, quindi non è controllabile. Invece, allenarsi tutti i giorni per otto ore è un indicatore di performance controllabile che aumenta le probabilità di vincere la medaglia d'oro.

Pertanto, prima si stabilisce l'obiettivo e poi si monitora che tutti i processi siano allineati al suo raggiungimento. Per restare sull'esempio di poco fa, il KPI verifica che veramente ci si alleni tutti i giorni per otto ore.

Il successo di un'azienda dipende da molti fattori ma, per raggiungere gli obiettivi, è di fondamentale importanza il costante monitoraggio delle attività chiave per vedere cosa funziona e cosa no.

I KPI non sono uguali per tutte le aziende, perché ogni impresa ha bisogno di indicatori specifici che dipendono dal suo modello di business e dai suoi processi interni. Quindi ogni azienda ha i suoi KPI e così anche la tua. Scegli i tuoi KPI.

Ne consegue che è bene focalizzarsi sui processi più importanti e monitorare innanzi tutto quelli: ad esempio partire dagli obiettivi che intendi raggiungere, ovvero il risultato economico da ottenere, e poi procedere alla misurazione dell'andamento.

Pertanto, è opportuno che tu scelga i più importanti tra quelli che ritieni più adatti per la tua gestione aziendale.

Ad esempio, se l'azienda è ben strutturata ed ha un reparto commerciale, un KPI molto importante potrebbe essere il numero degli appuntamenti di vendita eseguiti in un determinato mese. In altre parole, il "numero di appuntamenti" può essere un KPI di riferimento.

Supponiamo che la tua azienda abbia come obiettivo quello di svolgere 30 appuntamenti di vendita nel mese di giugno, ma ne vengono eseguiti solo 25. Il risultato raggiunto mostra uno scostamento del -16,6% e questo probabilmente porterà con sé un numero inferiore di vendite e, di conseguenza, minori ordini e quindi minore ricavo. Come vedi, alla fine si ricade sempre nel Conto Economico.

Ma il mancato raggiungimento dell'obiettivo di appuntamenti target non è un dato da prendere e basta, quel dato deve essere analizzato in modo da capire perché il risultato pianificato sia stato raggiunto all'83,4% e non al 100%.

Potrai pertanto andare a ritroso cercando di capire quanti appuntamenti di vendita erano stati eseguiti, se c'erano sufficienti lead a cui proporre l'appuntamento e, andando ancora indietro, analizzare il rendimento delle campagne di lead generation, le attività di marketing, il budget pubblicitario speso.

Ancora una volta si ricade nel Conto Economico. Ma, come puoi vedere, tra i due estremi dell'analisi, ricavi e costo pubblicitario, hai decine di variabili da monitorare che ti permettono di capire dove si trova il bug nel processo e di intervenire in maniera specifica per risolverlo.

Creare e monitorare i KPI ti consente di conoscere le prestazioni in ogni fase del processo e sapere dove agire per migliorare le azioni che avevi programmato. Più riesci a controllare e ad agire, più sei in grado di prendere decisioni per migliorare l'andamento della tua attività.

È molto importante che i KPI siano aggiornati costantemente, specialmente quelli che riguardano la macroarea dell'efficienza, in modo tale da far sì che lo scostamento rispetto agli standard sia minimo e si torni subito sulla giusta rotta, senza disperdere risorse preziose.

Se guardi i KPI una volta ogni 3 mesi, difficilmente otterrai un risultato apprezzabile, probabilmente avrai solo perso del tempo nel raccogliere i dati. Se controllerai i KPI con molta frequenza, potrai agire tempestivamente se qualcosa è andato storto e, se qualche KPI è andato fuori controllo, potrai evitare che accada di nuovo.

Il metodo SMART

Se vuoi valutare la rilevanza dei KPI, devi usare il famoso metodo SMART, acronimo di Specific, Measurable, Attainable, Relevant, Time-Bound (specifico, misurabile, realistico, rilevante, con una limitazione temporale). In cosa consiste? Sostanzialmente, prima di stabilire quali sono i KPI che ti necessitano per tua azienda, devi porti le seguenti domande:

· Il mio KPI è specifico?
· Mi permette di misurare i progressi verso l'obiettivo finale stabilito?
· Realisticamente quell'obiettivo è raggiungibile?

- Quanto è importante per la mia azienda?
- In quale lasso di tempo (breve o medio periodo) devo raggiungere l'obiettivo?

Quando individui i KPI aziendali, possono essere utili anche ulteriori domande che riguardano più in generale il tuo business:

- Quale risultato ti aspetti?
- Perché quel risultato è importante?
- Come misurerai i progressi?
- Come puoi influenzare il risultato?
- Chi è responsabile del risultato?
- Come sai di aver raggiunto il risultato?
- Quanto spesso valuti la progressione verso il risultato?

Le regole per un buon KPI

La prima cosa da fare è capire dove si vuole portare l'azienda. Quindi, prima di tutto è necessario stabilire l'obiettivo da raggiungere.

Subito dopo si può iniziare a lavorare sulle modalità e, di conseguenza, creare i KPI che permetteranno di capire se l'azienda sta rispettando la direzione e la velocità programmate.

Devono essere misurabili e quantificabili, a prova di opinione. I numeri sono l'unica cosa che non è opinabile. Perché solo misurando un KPI posso capire, in seguito, quali obiettivi operativi e strategici vengono raggiunti, se, quando e come migliorarli.

Un buon KPI deve essere scelto in ottica di lungo periodo per poter essere confrontabile con i dati del passato e potere, in questo modo, valutare i progressi.

Esempi di KPI
In un'azienda che possiamo definire tradizionale si tende a valutare:
· la vendita media per cliente;
· la percentuale di fatturato dei cinque clienti più importanti;
· la percentuale di costo dei cinque fornitori più importanti;
· la percentuale di ricavi su un determinato prodotto o servizio;
· i nuovi clienti ottenuti;
· il tasso di abbandono dei clienti;

- i ricavi;

- l'EBITDA;

- il fatturato per addetto, ovvero il rapporto tra ricavi e numero dipendenti;

- la redditività del cliente;

- la puntualità nelle consegne;

- i tempi di attesa dei clienti;

- il numero di fornitori;

- il fatturato suddiviso per categoria;

- i costi suddivisi per fornitore;

- l'incidenza costi per categoria;

- la percentuale di rispetto delle scadenze, incassi e pagamenti.

Ad esempio, se invece si tratta di un'azienda che lavora sul web, è necessario che questa abbia sottomano sempre gli indicatori che gli consentano di misurare:

- costo per lead;

- costo per acquisizione;

- life time value di un cliente;

- tasso di conversione.

Non c'è un numero specifico di KPI di cui un'azienda ha bisogno, semplicemente il numero giusto di KPI è il minimo che ti serve per monitorare le varie fasi del business, avendo sotto controllo tutti i dati che ti permettono di intervenire per correggere la rotta qualora qualcosa non stia andando come avevi pianificato.

Le aziende dovrebbero anche rivedere regolarmente i loro obiettivi e le loro strategie e apportare le modifiche appropriate ai loro indicatori di prestazione.

Come si ottengono solitamente queste misurazioni? Tutte le misurazioni che ho appena citato vengono registrate, nella maggior parte dei casi, grazie a un classico foglio di calcolo. Non è la soluzione più performante, ma almeno ti permette di capire l'andamento e intervenire. Come dire, meglio di niente.

È chiaro che questa è un'attività time consuming, quindi probabilmente non sarai tu come imprenditore a compilare il registro KPI, ma sappi che anche destinare una risorsa umana a controllare questi dati alla fine ti porterà un beneficio in termini di efficienza e di raggiungimento degli obiettivi che ripagherà abbondantemente l'investimento necessario a coprire il suo stipendio.

L'unica cosa importante, che invece ricade su di te, è l'attività di controllo, analisi e correzione. Non puoi delegare questa attività a qualcun altro, anche se hai una serie di direttori di reparto. La riunione KPI mensile è un momento chiave in cui vengono definite tutte le scelte strategiche e operative che permettono all'azienda di raggiungere i suoi obiettivi e, in questo frangente, l'imprenditore devi essere tu.

Va bene che siano le persone che collaborano con te a occuparsi dell'attività di data entry e di rendicontazione, ma la parte di analisi e decisione presuppone una capacità decisionale e un livello di responsabilità difficilmente trasferibili a un terzo, anche se interno all'azienda. È chiaro che, se trovi uno strumento che si occupa in autonomia del data entry e della creazione delle dashboard di controllo, tanto di guadagnato. Non devi neanche perdere tempo a controllare le formule del foglio di calcolo, puoi direttamente guardare i grafici e procedere con le azioni correttive.

Magari questa soluzione c'è già, ma te la svelerò più avanti. Per il momento, quello che è importante che tu sappia è che guidare il business con i KPI è l'unico modo per raggiungere la meta.

Dove finiscono i miei soldi?

Ti sei mai fatto questa domanda? Probabilmente sì. Fatturi, fatturi, fatturi, ma il risultato alla fine è sempre lo stesso. È un problema comune a molti imprenditori e, oltre che trovare risposta nel Conto Economico riclassificato, la vera risposta è nei KPI.

Ti faccio un esempio: se ti chiedessi qual è il costo che incide di più sul tuo business, sapresti rispondermi? Probabilmente sì. Ogni imprenditore sa da quale fornitore acquista più materie prime o più servizi, oppure qual è il costo più alto che sostiene.

Ma se ti chiedessi in che percentuale il tuo fornitore più importante pesa sul tuo fatturato, sapresti dirmi esattamente il numero? E se ti chiedessi quanto impatta il tuo personale dipendente rispetto a tutti gli altri costi della tua azienda? Sinceramente, a meno che tu non abbia uno specifico sistema di analisi dei costi, dubito che tu riesca a dirmelo, o quanto meno a dirmelo in pochi secondi.

Ma ragiona un attimo: se tu volessi incrementare i profitti della tua azienda "velocemente", quale sarebbe il metodo più immediato? Come ti ho spiegato nel capitolo precedente, per aumentare i profitti puoi concentrarti sui ricavi o sui costi. E ti ho anche detto che concentrarti sui ricavi, senza un Conto Economico Riclassificato non è detto che sia la scelta giusta. Ma a questo punto scendo un po' più nel dettaglio: se volessi aumentare velocemente i profitti, cosa faresti?

Aumentare i ricavi non è sempre facile, ci sono da tenere in considerazione il mercato, i competitor e una serie di azioni che non dipendono da te. Per farlo velocemente, senz'altro la soluzione più semplice è ridurre i costi. Ma *quali* costi?

Nel capitolo precedente ti ho spiegato come classificare i costi dividendoli tra "di produzione" e "produttivi", e anche come collegarli ai centri di ricavo e come individuare le marginalità che derivano da ognuno di questi centri di ricavo.

A questo punto devi essere in grado di guardare "dentro" i tuoi costi e individuare quali sono i costi chiave su cui intervenire. Potrebbe trattarsi di un fornitore con cui andare a rinegoziare il contratto concordato in precedenza, oppure di un ciclo produttivo che, scalando la dimensione del tuo business (aumento dei ricavi), non funziona correttamente e che quindi deve essere efficientato per ottenere una maggiore marginalità.

Tutte queste informazioni dettagliate si ottengono attraverso la lettura dei KPI, ecco perché avere un centro di controllo di questi ti permette di guadagnare molto di più. In pochi secondi puoi capire se un fornitore ha un peso eccessivo rispetto agli altri e rinegoziare gli accordi, oppure se un processo produttivo non performa vanificando l'incremento dei ricavi.

Osserva l'immagine che segue. Anche tu hai dei grafici che ti mostrano dove stanno finendo i tuoi soldi?

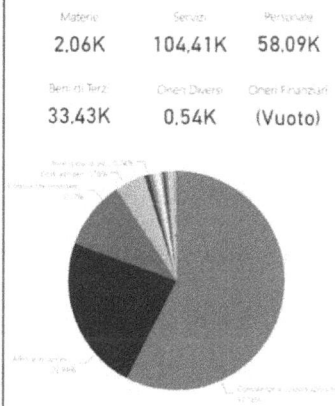

Immagina di avere un direttore commerciale che guadagna in percentuale sul fatturato. A un certo punto la tua azienda inizia a scalare, a vendere sempre di più, ma non per merito del tuo direttore commerciale. Inizia a farlo perché stai investendo di più sul marketing. Ma il contratto del tuo direttore commerciale fa aumentare il suo compenso all'aumentare del fatturato, anche se non è merito suo.

Se non hai un grafico che ti fa capire a colpo d'occhio che quel costo è andato fuori controllo, tu continuerai ad aumentare il budget di marketing perché questo fa aumentare i tuoi ricavi ma, invece di far crescere la ricchezza prodotta dalla tua azienda, farà crescere le tasche del tuo direttore commerciale... è chiaro cosa intendo?

Ora, pensa con più attenzione ai costi che sostieni e cerca di dotarti immediatamente di un centro di controllo dei KPI. I soldi che risparmierai usando questo strumento saranno nettamente superiori rispetto a quelli che investirai per averlo, soprattutto se usi la tecnologia. Nel prossimo paragrafo ti spiegherò come creare un sistema di controllo KPI ma, se sei impaziente, e anche tu vuoi dotare la tua azienda di uno strumento così potente senza dedicare ore e ore ai tuoi fogli di calcolo, vai su www.imprenditoredelfuturo.com/consulenza e **prenota una consulenza** con uno specialista di Controllo di Gestione.

Crea il tuo sistema di controllo KPI in 6 passi

Per spiegarti come creare il tuo sistema di controllo KPI, voglio mostrarti quello di un processo marketing/commerciale di un'azienda di servizi in cui, grazie a delle campagne promozionali, vengono raccolti potenziali clienti da sottoporre a una filiera di vendita che genererà degli ordini.

Primo passo

Definire il ricavo che si vuole ottenere dalla campagna promozionale in questione. Partendo dai dati storici, ipotizzare il fatturato medio per contratto, il numero di appuntamenti e di potenziali clienti necessari al fine di ottenere quel risultato, il costo di acquisizione di quei lead e, di conseguenza, il budget pubblicitario da investire nelle campagne online.

Secondo passo

Creare uno schema che rappresenti il workflow ipotizzato.

Budget Campagne Social (€)	Numero di Lead Generati	Numero di Lead Qualificati	Numero di Chiamate Effettuate	Numero di App.ti Fissati	Numero di App.ti Eseguiti	Numero di Contratti Firmati	Fatturato (€)

Terzo passo

Creare una tabella in cui individuare tutti gli stati intermedi che portano dalla campagna pubblicitaria fino al contratto, inserendo i dati previsionali.

Quarto passo

Indicare in una colonna l'actual e in un'altra colonna lo

scostamento.

Quinto passo

Ultima colonna: indicare il fatturato generato da questi nuovi ordini.

Sesto passo

Verificare se la pianificazione è stata rispettata: quali sono gli obiettivi raggiunti e quali no.

	Investim.	Lead	Lead Qualificati	Chiamate				
Budget	30.000 €	5.000	1.500 (30%)	1.350 (90%)	600 (44%)	580 (96%)	232 (40%)	696.000 €
Actual	28.750 €	3.120	1.000 (32%)	800 (80%)	400 (50%)	380 (95%)	190 (50%)	665.000 €
Scost.	-4,16%	-40%	-33%	-40,74%	-33%	-34,48%	-18%	-4,45%

	CPL	CPLQ			CPA	ROI
Budget	6,00 €	20,00 €			129 €	2.320%
Actual	9,21 €	28,75 €			151 €	2.313%
Scost.	+60,16%	+43,75%			+17,05%	-3%

Qualora ci fossero problemi a raggiungere gli obiettivi programmati, o si volesse capire su quale variabile intervenire per incrementare il fatturato generato, grazie a questo genere di controllo dei KPI, si potrà fare molto facilmente.

Infatti, in base ai valori che si ottengono da uno degli step allo step successivo del processo, si può capire se agire sul budget pubblicitario, sul processo di vendita o sul valore medio dei contratti. Quanto più dettagliato sarà il dato KPI, e quindi in quante più fasi sarà stato diviso il processo di controllo, più facile sarà capire dove agire.

Attenzione: Probabilmente, leggendo, avrai pensato che questa procedura sia interessante, ma che il processo per applicarla correttamente sia troppo lungo.

Bene, nel capitolo 4 ti mostrerò la **tecnologia rivoluzionaria** che risolve tutto. Se però sei impaziente, puoi andare al sito www.imprenditoredelfuturo.com/consulenza e averne un piccolo SPOILER: scoprila adesso!

RIEPILOGO DEL CAPITOLO 2:

- SEGRETO n. 1: oltre al Conto Economico, per monitorare l'andamento della tua azienda, devi utilizzare i KPI, ossia gli indicatori più importanti, per verificare le performance aziendali.

- SEGRETO n. 2: i KPI servono a monitorare l'andamento, rispettare gli obiettivi, raggiungerli più velocemente e intraprendere tempestivamente azioni correttive volte a colmare il gap tra risultati conseguiti e risultati attesi.

- SEGRETO n. 3: i KPI non sono uguali per tutte le aziende, ogni impresa ha bisogno di indicatori specifici che dipendono dal suo modello di business e dai suoi processi interni.

- SEGRETO n. 4: i KPI devono essere numerabili e quantificabili, perché solo misurando un KPI puoi capire quali obiettivi operativi e strategici vengono raggiunti, se, quando e come migliorarli.

- SEGRETO n. 5: nei tuoi KPI sono nascosti i margini della tua azienda, agendo di conseguenza puoi moltiplicare i tuoi profitti con il minimo sforzo.

Capitolo 3:
Come massimizzare i flussi di cassa

Con il denaro in tasca si è a casa dovunque.
Daniel Defoe

Fatturare tanto, ma avere le tasche, e le casse, vuote

Ti sembra un paradosso? No, questa non è che la triste realtà in cui si trovano molti imprenditori che, in molti casi, sono costretti a chiedere un prestito in banca per fare fronte alle tasse da pagare o alle spese di gestione.

Com'è possibile che, nonostante la sua azienda fatturi regolarmente e produca utili, un imprenditore sia sempre al verde e in crisi di liquidità? La risposta è semplice. Questo accade agli imprenditori che non hanno un serio controllo della cassa, una gestione efficace del flusso di cassa aziendale, detto anche Rendiconto Finanziario o Cash Plan.

Ogni anno incontro migliaia di imprenditori ai quali faccio sempre la solita domanda: *quali sono i numeri della tua azienda?*

Immancabilmente, la prima risposta che ricevo è che l'azienda l'anno precedente ha fatturato dieci, cento, mille mila euro.

Pochissimi però (quasi nessuno) sanno se il proprio cash flow (terminologia inglese per "flusso di cassa") sia positivo o negativo. Si lamentano dicendo che hanno zero liquidità per colpa delle tasse da pagare.

La verità è che il cash flow è molto importante, quanto il fatturato e gli utili, se non di più. Infatti:

· i dati economici, come ricavo e utile, tengono conto anche dei crediti che un'azienda vanta (ma che non ha ancora incassato, perché magari ha concesso una dilazione di pagamento al cliente);

· il cash flow è il flusso di denaro dato dalle movimentazioni finanziarie tra entrate e uscite, a prescindere dai debiti e dai crediti che vanta l'azienda.

Quando si dice «cash is the king», si vuole intendere che il flusso di cassa è spesso più importante dei ricavi o dei dati economici. Infatti, se la tua azienda ha un fatturato o degli utili elevati, ma ha sempre il conto corrente a zero, allora hai un grosso problema e potresti anche rischiare di fallire se non intervieni sul tuo cash flow.

Il cash flow prende in considerazione due variazioni numeriche:

- in entrata, allora si parla di cash *inflow*;
- in uscita, allora si parla di cash *outflow*.

In ragioneria, le rilevazioni e l'analisi della gestione aziendale vengono espresse tutte all'interno di un documento che prende il nome di rendiconto finanziario. Per rendere il concetto più semplice e comprendere meglio la differenza con l'utile, voglio farti un esempio banale (senza considerare l'IVA, di cui parlerò più avanti).

Immagina di vendere prodotti per 20.000 euro e di avere costi per 18.000 euro: il tuo utile sarà di 2.000 euro. Se quello che hai venduto sei riuscito a incassarlo e, allo stesso tempo, hai pagato tutti i debiti, alla fine dell'anno ti ritroverai in cassa 2.000 euro liquidi, che corrispondono all'utile d'esercizio.

Se invece, pur avendo venduto tutti i prodotti, hai incassato solo

500 euro, a livello di utile (dato economico) hai sempre 2.000 euro, ma, alla fine dell'anno, hai un grosso problema: infatti la tua posizione finanziaria netta dice -17.500 euro.

A questo punto, se hai in tasca 17.500 euro, puoi fare fronte al pagamento dei fornitori e attendere l'incasso degli altri 19.500 da parte dei clienti, altrimenti sei costretto a chiedere un prestito o, addirittura, a dichiarare fallimento perché non puoi far fronte a tutti i debiti. Come vedi, il flusso di cassa è determinante per sorreggere il sistema, ma questo dato non compare dal Conto Economico. Per monitorare questo devi infatti tenere sotto controllo il Cash Plan.

Il Cash Plan è uno strumento fondamentale all'interno della tua azienda, perché la cassa può determinare il successo o il fallimento della tua iniziativa imprenditoriale, ancora prima del fatturato (che è pura superficialità) o dell'utile "teorico".

Come avrai capito, riuscire a controllare il flusso di cassa è veramente importante per la vita dell'azienda. Perché solo quelle aziende che hanno cassa sono in grado di affrontare le sfide del mercato, cogliere le opportunità d'investimento, prevedere i momenti di crisi e superarli accedendo a strumenti che in precedenza erano tipici solo delle grandi multinazionali.

Economia vs finanza

Ti hanno mai spiegato la differenza tra economia e finanza? Molto spesso gli imprenditori tendono a confondere l'economia con la finanza e viceversa. La realtà è che sono due concetti strettamente connessi ma, allo stesso tempo, estremamente differenti fra loro e appartengono a due ambiti aziendali distinti:

• Economia = costi / ricavi.

• Finanza = incassi / pagamenti.

In ambito economico, quello che conta sono ricavi, costi ed EBITDA, ossia tutto ciò che ricavi dalla produzione dei tuoi prodotti e servizi, ciò che spendi per acquistare le materie prime e gli altri costi aziendali che poi vanno a formare l'utile dell'azienda. Quindi, l'ambito economico fa riferimento al fatturato e all'utile o all'eventuale perdita (si spera mai!).

In ambito finanziario, quello che conta sono invece incassi e pagamenti. Pertanto, quando parlo di cash flow, è facile capire che faccio riferimento all'ambito finanziario dell'azienda. Ed è qui che bisogna soffermarsi e ragionare più approfonditamente sulla differenza che c'è tra cassa e fatturato, perché gli imprenditori, come dicevo, di solito confondono questi due concetti, magari pensando che il fatturato sia una variabile, una grandezza importante, ma dimenticando completamente la cassa.

Nel capitolo 1 ti ho spiegato come analizzare e gestire il tuo Conto Economico; devi sapere che, allo stesso modo, si può monitorare il Piano di Cassa. Così come attraverso il Conto Economico Previsionale puoi pianificare i tuoi ricavi, i tuoi costi e, pertanto, anche i tuoi utili, allo stesso modo puoi prevedere i tuoi flussi di cassa e agire di conseguenza, ovviamente prendendo in considerazione grandezze diverse, quelle finanziarie invece di quelle economiche.

Infatti, se nel Conto Economico vengono inseriti i ricavi e i costi, nel Piano di Cassa vengono inseriti i dati dettagliati delle entrate e delle uscite riferiti a un determinato periodo. In pratica devi indicare quanti soldi pensi di incassare e quanti te ne serviranno per coprire i debiti, in uno specifico mese, assicurando un equilibrio dei due flussi monetari aziendali.

È necessario che tale documento sia predisposto per un arco temporale di riferimento, ad esempio un anno, suddiviso in periodi più brevi, ad esempio in mesi o in trimestri, in modo da controllarlo così come ti ho già spiegato in merito al Conto Economico Previsionale.

La differenza più importante tra Conto Economico e Piano di Cassa è che all'interno del Conto Economico si inseriscono tutti gli importi al netto dell'IVA – quindi l'IVA non entra in questo documento di bilancio – mentre nel Cash Plan tutte le cifre sono legate alla movimentazione finanziaria, e pertanto tengono in considerazione anche l'IVA, perché anch'essa entra ed esce dal tuo conto corrente.

Tutta la verità sull'IVA
Visto che ho citato l'IVA, colgo l'occasione per citare una frase che sento praticamente ogni giorno: «Mamma mia quante tasse ho pagato questo mese! Ho versato una mazzata di IVA». Ma la

realtà è che l'IVA non è una tassa!

I soldi dell'IVA sono dello Stato, e l'imprenditore è solo un esattore che li sta incassando per poi darli al legittimo destinatario. Con l'F24 stai versando denaro che hai preso per conto dello Stato. Tu dirai che, però, un'aliquota IVA troppo alta riduce i consumi, ma questo non c'entra nulla con la quadratura del tuo Conto Economico. Quando ti lamenti di pagare "troppe tasse" perché devi versare "tanta IVA", semplicemente hai considerato tuoi dei soldi che tuoi non sono mai stati!

Chi ritiene che il proprio problema sia l'IVA (a meno che non lavori nel settore sanitario, in quello assicurativo, dei monopoli o in pochi altri, ma si tratta, in sostanza, di eccezioni) non ha colto le basi del meccanismo e quasi sempre il suo problema si nasconde proprio nel Conto Economico.

L'IVA non c'entra niente con l'economia, ma fa solo parte dell'ambito finanziario e per questo è importante all'interno dei flussi di cassa. Perché? Perché se io fatturo tanto, accade che lo Stato pensa che abbia anche incassato e quindi io, essendo esattore per conto dello Stato, poi questa IVA devo anche versarla nel mese o trimestre successivo. Si verifica, così, un'uscita finanziaria!

Il problema IVA sorge quando il mio cliente non ha ancora provveduto a pagare le fatture che io ho emesso. In questo caso, cosa succede? Che io sto pagando un qualcosa, l'IVA, che ancora non ho esatto o ricevuto da parte cliente, quindi non ho materialmente quei soldi da poter girare alle casse dello Stato.

Ed ecco quindi che, a maggior ragione, ho bisogno di un attento Piano di Cassa, per evitare le crisi di liquidità.

Acqua, cibo e ossigeno: cosa serve di più?
Detto ciò, non ci resta che andare a vedere cosa differenzia il budget (Conto Economico) dal Cash Plan o Piano di Cassa. Per rendere più chiara la differenza, prendo in prestito un esempio diventato famoso grazie al mio socio Lorenzo Ait.

Prendi un foglio e immagina che ci siano scritte, in sequenza, queste tre parole:

- cibo;
- acqua;
- ossigeno.

Ora immagina di dover mettere in ordine di importanza queste tre parole. Sicuramente al primo posto metteresti l'ossigeno, perché puoi vivere 5 giorni senza mangiare, 2 o 3 senza bere, ma non puoi assolutamente vivere più di qualche minuto senza respirare. Quindi, ossigeno è la grandezza più importante e la mettiamo al primo posto.

Ora immagina che, a queste tre grandezze vengano associate rispettivamente le seguenti parole:
- ossigeno – cassa;
- acqua – utile;
- cibo – fatturato.

La prima cosa che balza agli occhi qual è? Che la cassa è come l'ossigeno! Se si hanno problemi in azienda non bisogna necessariamente porre la concentrazione solo sul fatturato; il fatturato è paragonato al cibo, quindi la tua azienda può vivere un paio di mesi anche se non fattura.

Se una persona sta morendo soffocata per mancanza di ossigeno, non è continuando a mangiare che si salverà. Per quanto tu possa mangiare, presto le tue funzioni vitali si fermeranno e morirai soffocato. La stessa cosa succede in azienda: è inutile che fatturi, perché, se non hai ossigeno (denaro) per pagare i tuoi debiti, è inutile, finirai per fallire.

Purtroppo, mi dispiace dirlo, ma questo è uno dei più grandi problemi che affliggono le aziende, ovvero non conoscere la differenza tra economia e finanza. Molte aziende si concentrano solo sull'economia e poi falliscono perché manca loro la finanza.

Se il tuo problema è incassare dai clienti, non importa a quanto ammontano il tuo utile o il tuo fatturato. Se dai clienti incassi a 120 giorni ma devi pagare i fornitori a 30 giorni, dove prendi i soldi per poter far fronte a quel pagamento? Hai 90 giorni scoperti in cui hai bisogno di cassa e, se in cassa non hai nulla, muori, perché non hai più ossigeno per respirare.

Ciò non significa che tu non possa fare il tuo business, ma vuol dire che devi concentrarti a capire come risolvere il problema della cassa: puoi farvi fronte attraverso finanziamenti esterni, banche, partner o semplicemente negoziando condizioni di pagamento diverse con i tuoi clienti e fornitori. Le cause che possono portare alla mancanza di liquidità sono moltissime e spaziano dallo sfasamento temporale tra incassi e pagamenti, al mancato incasso di crediti, fino ad arrivare a una bassa rotazione di magazzino o, ancora, alle mancate vendite, a un forte indebitamento a breve o a investimenti difficilmente sostenibili.

Controllare il flusso di cassa fa la differenza ed è qui che il concetto "cash is the king" raggiunge la sua massima espressione. Ogni azienda, che sia di piccole o grandi dimensioni, deve essere in grado di dominare queste grandezze. Deve capire su cosa concentrare l'attenzione e come fare fronte alle crisi di cassa.

Qui entra in gioco anche la capacità di predire i flussi di cassa. Infatti, a volte, nonostante il Cash Plan sembri stare in piedi, i clienti che devono pagare a una determinata scadenza non lo fanno e l'azienda va in difficoltà perché non si è assicurata un adeguato margine di sicurezza.

Quando avrai capito come dominare la cassa e risolvere eventuali problemi, allora sì che potrai concentrarti sul fatturato. Se vendi dei prodotti, e hai dei margini cospicui su quella vendita, puoi concentrarti sull'individuare quale prodotto, tra quelli che hai messo in vendita, è quello che ti porta più guadagni.

Per fare questo, però, devi avere le spalle coperte, cioè devi avere una cassa che ti consenta di fare fronte ai tuoi impegni, che possono essere i debiti verso fornitori o le tasse da pagare. Questo problema sorge soprattutto quando le aziende sono di dimensioni maggiori perché, se hai un'attività che fattura poco, i problemi di cassa li puoi risolvere più facilmente, anche con un tranquillo finanziamento.

Quanti tipi di cash flow conosci?

Il cash flow, come già detto, è il flusso di cassa generato dall'azienda in un dato periodo. Quindi, in linea generale, misura gli incassi e i pagamenti complessivi.

L'azienda è divisa in varie aree e, come tali, queste hanno i propri flussi. Per questo motivo distinguo 3 diverse tipologie di cash: *operative cash flow*, *asset cash flow* e *financial cash flow*.

L'*operative cash flow* è il flusso dall'attività operativa, ovvero in base a quello che fa la mia azienda. Ad esempio, se si producono e si vendono telefoni, il flusso di cassa operativo sarà frutto della gestione della vendita, nonché delle varie spese da sostenere.

Serve a indicare se un'azienda è in grado di produrre e generare abbastanza cassa da poter mantenere l'attività (oppure se bisogna far fronte a finanziamenti) e farla, nella migliore delle ipotesi, incrementare.

L'*asset cash flow* è il flusso derivante dagli investimenti in asset aziendali, che possono essere azioni o immobili. Questo flusso posso paragonarlo anche all'*outflow*, perché si tratta di un costo che ho sostenuto per investire e magari avere un ritorno.

Ad esempio, l'acquisto di un immobile non va nel Conto Economico, o meglio, ce ne va solo una parte frazionata negli anni (quindi viene ammortizzato nel corso degli esercizi).

Se ho effettuato questo acquisto tramite mutuo, sono obbligato a pagare le rate, quindi, se l'azienda produce e vende, ha dei margini che le consentono di poter pagare la rata. A volte, però, questo andamento non basta per poter capire se si riesce a fare fronte a tale debito, perché può succedere che io abbia un utile alto, ma al contempo la cassa vuota, e che pertanto non sia in grado di adempiere a quest'obbligo. Quindi, il Conto Economico mi dice una cosa, ma la realtà è un'altra, ovvero che la cassa "piange".

Il *financial cash flow* è il flusso derivante dall'accesso al credito bancario o di terzi (soci). Si tratta di un flusso che dapprima ha un valore positivo, perché ricevo questi soldi da un terzo, e in un secondo momento si trasforma in negativo, perché sono soldi che non dipendono dall'operatività ma che l'azienda ha a disposizione sotto forma di prestito, quindi sono obbligato a restituirli. A meno che non fallisca, ma non è il caso di intraprendere questo discorso.

Restando sempre nell'ambito del *financial cash flow*, se emetti una fattura con scadenza di pagamento a 90 giorni per la vendita dei prodotti X, il cliente è tenuto a pagare entro questo lasso di tempo ma tu, nel frattempo, devi pagare un fornitore o una tassa, perciò *cosa puoi fare per fare fronte a questo debito prima ancora di incassare quella fattura?*

Semplice! Ti puoi recare in banca e aprire una linea di credito, dicendo che vanti un credito da un determinato cliente e mostrando la fattura. In questo caso, la banca ti concede il credito e tu, appena incassi la fattura, devi provvedere alla restituzione del credito erogato.

Così agendo, porti avanti la tua attività e fai felice il cliente perché gli consenti abbastanza tempo per pagare. Nel momento in cui il cliente paga, restituisci i soldi che la banca ti ha prestato più gli interessi.

Questo fa parte dell'anticipazione del credito che fa parte del flusso finanziario ed è per questo che devi tenere sempre in considerazione la cassa: se vendi e non incassi, non puoi andare

112

avanti, invece, se hai tutto sotto controllo, sai benissimo come muoverti senza andare a intaccare l'operatività aziendale.

Pertanto, l'anticipo del credito è estremamente importante perché, in base a come funziona il flusso, di cassa si può accedere al credito per sostenere l'attività aziendale.

Cash Plan e Conto Economico Previsionale: due facce della stessa medaglia

In questo capitolo ho detto "cash is the king" e che la finanza è più importante dell'economia. Voglio però chiarire una cosa importante, prima che qualcuno cada in un errore frequente.

Gestire l'azienda guardando solo alla cassa, senza predisporre un accurato Conto Economico, è come vivere alla giornata. «Se ho questi soldi, investo, altrimenti me ne sto fermo e attendo» è ovviamente un ragionamento errato. Le grandi aziende non ragionano assolutamente in questo modo e, se vuoi competere sul mercato, non puoi cadere in questi errori.

Se vuoi far crescere la tua attività, devi fissare degli obiettivi e capire le risorse di cui hai bisogno per raggiungerli. Il come è una questione che viene dopo. Ovviamente ci sono delle variabili che a volte non consentono di ottenere i risultati attesi, ma è proprio grazie al tuo budget che sei in grado di capirlo e di apportare gli opportuni cambiamenti alla rotta, per questo la pianificazione economica e quella finanziaria vanno di pari passo.

Solo sviluppando il Conto Economico Previsionale (o budget previsionale) puoi stabilire dove vuoi portare il tuo business e, di conseguenza, attraverso il Cash Plan, prevedere i flussi di cassa che le movimentazioni economiche stimate genereranno.

Sapere in anticipo quanto incasserai e quanto dovrai pagare ti consente di pianificare l'operativa economica/finanziaria aziendale. Se sai che in un determinato mese incasserai 10.000 euro, e che dovrai pagare solo 3.000 euro di debiti, puoi valutare, *qualora anche il Conto Economico ti dia ragione*, di fare qualche investimento in più per migliorare le condizioni della tua azienda.

Capire le esigenze di cassa ti permette di recarti in banca e chiedere i soldi di cui hai bisogno per l'operatività aziendale, seguendo il piano di crescita che precedentemente hai stilato. La banca concede linee di credito solo ai clienti di cui si può fidare, e presentarti con un piano economico-finanziario accurato rappresenta senz'altro un ottimo biglietto da visita per richiedere una linea di credito.

Un ottimo metodo per capire se un'azienda funziona bene ed è in equilibrio consiste nel verificare se il flusso di cassa operativo riesce a coprire le uscite per gli investimenti senza incidere sul financial cash flow. Infatti, se l'accesso al credito serve solo per accelerare la crescita, l'azienda è pronta per lo scaling up.

Ogni azienda con un modello di business sostenibile dovrebbe accedere al credito solo per crescere. L'azienda è sana quando il flusso operativo si finanzia da solo, nel senso che le entrate derivanti dalla gestione operativa sono in grado di garantire il sostenimento dei costi che deve affrontare durante l'anno.

Crea il tuo Cash Plan in 5 passi

Calcolare il fabbisogno di cassa è, insieme al Conto Economico Previsionale, la cosa più importante da fare. Puoi pianificare la cassa in tanti modi, ma non sempre quello utilizzato è in grado di darti il risultato che veramente necessiti.

Ovviamente il metodo più utilizzato consiste nel prendere il solito foglio di calcolo e iniziare a creare una tabella. Ora ti spiegherò, un click dopo l'altro, come creare il tuo Cash Plan, come già fatto in precedenza. So già che, invece di prendere il computer e metterti a fare quello che ti spiegherò, vorresti scaricare il file con tutte le formule preimpostate. Ovviamente è già pronto e puoi scaricarlo dal link che troverai al successivo passo 4, ma mi piacerebbe che tu imparassi a farlo da solo, seguendo i 5 passi che trovi di seguito.

Se proprio non hai voglia di farlo, vai al passo 4 e troverai la soluzione. Se invece sei ancora dell'idea di imparare, procedi con la lettura.

Primo passo
Parti dal tuo Conto Economico Riclassificato. Prendi il file che hai creato seguendo le indicazioni del capitolo 1 e trasforma i ricavi in "entrate" e i costi in "uscite", mantenendo ovviamente

l'impostazione mensile delle colonne; quindi, nelle varie colonne avrai il nome dei mesi, in ordine, e la divisione in 3 sotto-colonne: actual, budget e scostamento.

Secondo passo

Distingui le entrate e le uscite per categoria di riferimento (come ho già spiegato nel paragrafo "Quanti tipi di cash flow conosci?") in:

- *operative cash flow,* dove indicherai il flusso di cassa derivante dall'attività operativa della tua azienda, senza dimenticarti di considerare l'IVA e le Imposte;
- *asset cash flow,* dove indicherai il flusso di cassa derivante da investimenti;
- *financial cash flow,* dove indicherai il flusso di cassa derivante dall'accesso al credito bancario o a terzi soggetti (soci).

Terzo passo

Aggiungi 2 righe:

- cassa iniziale (conto corrente, cassa contanti e cassa assegni, oltre alle piattaforme di pagamento se usi carte di credito o Paypal);

- cassa finale.

Otterrai una tabella come quella di seguito.

Cash Plan			Mese 1	
	Actual	**Budget**	**Scostamento**	
Cassa Iniziale	£ -	£ -	£ -	0.00%
Operation Cash flow				
Entrate - Operation Cash flow				
Descrizione	£ -	£ -	£ -	0.00%
Descrizione	£ -	£ -	£ -	0.00%
Descrizione	£ -	£ -	£ -	0.00%
Tot. Entrate - Operation Cash Flow	£ -	£ -	£ -	0.00%
Uscite - Opearation Cash Flow				
Descrizione	£ -	£ -	£ -	0.00%
Descrizione	£ -	£ -	£ -	0.00%
Descrizione	£ -	£ -	£ -	0.00%
Tot. Uscite - Operation Cash Flow	£ -	£ -	£ -	0.00%
Asset Cash Flow				
Entrate - Asset Cash Flow				
Descrizione	£ -	£ -	£ -	0.00%
Descrizione	£ -	£ -	£ -	0.00%
Descrizione	£ -	£ -	£ -	0.00%
Tot. Entrate - Asset Cash Flow	£ -	£ -	£ -	0.00%
Uscite - Asset Cash Flow				
Descrizione	£ -	£ -	£ -	0.00%
Descrizione	£ -	£ -	£ -	0.00%
Descrizione	£ -	£ -	£ -	0.00%
Tot. Uscite - Asset Cash Flow	£ -	£ -	£ -	0.00%
Financial Cash Flow				
Entrate - Financial Cash Flow				
Descrizione	£ -	£ -	£ -	0.00%
Descrizione	£ -	£ -	£ -	0.00%
Descrizione	£ -	£ -	£ -	0.00%
Tot. Entrate - Financial Cash Flow	£ -	£ -	£ -	0.00%
Uscite - Financial Cash Flow				
Descrizione	£ -	£ -	£ -	0.00%
Descrizione	£ -	£ -	£ -	0.00%
Descrizione	£ -	£ -	£ -	0.00%
Tot. Uscite - Financial Cash Flow	£ -	£ -	£ -	0.00%
Net Cash Flow	£ -	£ -	£ -	0.00%
Cassa Finale	£ -	£ -	£ -	0.00%

Quarto passo

A questo punto lo scheletro del tuo Cash Plan è pronto ma, prima di cominciare, ti avevo già detto che potevi trovarlo già fatto: su www.imprenditoredelfuturo.com/bonus puoi scaricare il mio Google sheet già preimpostato per creare il tuo Cash Plan. Puoi completarlo aggiungendo formule e conteggi automatici in base alle tue competenze informatiche, ma anche solo con somme e sottrazioni vedrai che tutto funzionerà correttamente.

Quinto passo

Come ultimo passo, non resta che inserire i numeri della tua azienda. Per ogni riga inserisci i valori che rappresentano la manifestazione finanziaria delle operazioni economiche presenti nel tuo Conto Economico Riclassificato (per questo ti ho detto di partire da lì).

Ad esempio, se a marzo hai previsto di fatturare 30.000 euro + IVA, ma i clienti di ti pagheranno quelle fatture in 2 rate (18.300 euro ad aprile e 18.300 euro a maggio), tra le entrate del mese di marzo non metterai nulla, mentre nei mesi di aprile e maggio inserirai 18.300 euro per ogni mese.

In riferimento a questa stessa operazione, ricorda di considerare l'IVA da versare allo Stato. Infatti, fatturando 30.000 euro + IVA a marzo (se la tua azienda ha IVA mensile), ad aprile dovrai versare allo Stato 6.600 euro di IVA, che riporterai tra le uscite di aprile.

Importante: prima di proseguire, ricorda di scaricare lo scheletro preimpostato del tuo Cash Plan dal sito www.imprenditoredelfuturo.com/bonus.

RIEPILOGO DEL CAPITOLO 3:

- SEGRETO n. 1: il cash flow è ancora più importante del fatturato e degli utili, perché rappresenta il tuo ossigeno: la tua azienda può sopravvivere senza fatturare o senza conseguire utili, ma può morire in un attimo, se resta senza cassa.

- SEGRETO n. 2: per non rimanere senza ossigeno, devi necessariamente predisporre un Cash Plan in cui inserisci i dati dettagliati delle entrate e delle uscite di un determinato periodo temporale.

- SEGRETO n. 3: il Cash Plan è l'unico strumento che rappresenta il tuo flusso di cassa: i soldi che hai in tasca oggi, i tuoi debiti e crediti e i soldi che potrai spendere in un determinato momento nel futuro.

Capitolo 4:
Come gestire più efficacemente l'azienda

*Il segreto negli affari è conoscere
qualcosa che nessun altro sa.* Aristotele Onassis

Ora che hai davvero capito l'importanza dei numeri, come funziona il controllo di gestione e come puoi guidare la tua azienda senza lasciare nulla al caso, è ora di introdurre un nuovo argomento. È il momento di capire come la tecnologia può farti fare tutto questo con pochi click, permettendoti di concentrarti sulla parte che ami del tuo business e non sul controllo delle tabelle Excel che, com'è ovvio, avrai capito quanto sono importanti, ma che sicuramente non sono il motivo per il quale ha deciso di fare l'imprenditore o il libero professionista.

Quello che in tanti settori sta decretando la fine di molti posti di lavoro è la stessa cosa che può venire in soccorso a noi imprenditori ed è quello di cui ti parlerò in questo capitolo: la digitalizzazione e l'Intelligenza Artificiale (AI).

Vedi, se la digitalizzazione ha avuto un forte impatto in tutti i settori della quotidianità, l'AI stravolgerà per sempre la nostra vita e, per fortuna, se applicata al mondo della contabilità e del controllo di gestione aziendale, farà la differenza per tutti gli imprenditori.

Grazie anche alla fatturazione e allo scontrino elettronici, l'era del data entry così come lo conoscevamo fino a poco tempo fa è destinata a finire, o comunque a mutare sensibilmente, visto che il dato è già digitalizzato.

Per questo, con Gianluca Massini Rosati, Lorenzo Ait e Andrea Agnoli, già innovatori nel mondo della consulenza e della gestione contabile in Italia, avevamo in mente una cosa semplice: creare un'Intelligenza Artificiale che potesse risolvere tutti i problemi che affronta l'imprenditore quando deve confrontarsi con i numeri dell'azienda.

Sono certo che anche tu, come imprenditore, almeno una volta nella vita hai desiderato un clone al quale far fare quel noioso lavoro amministrativo, quel lavoro che è fondamentale se vuoi arrivare a fine mese, ma che releghi ai ritagli di tempo, spesso alla sera o ai weekend. Sono convinto che anche tu "fai i conti" solo quando sei costretto a farli, quando devi farti pagare, quando sei arrivato a un punto tale che, o li fai, o le conseguenze saranno disastrose, perciò non puoi fare altrimenti.

Credimi, non sei l'unico. È un classico che accade a tutti gli imprenditori che non hanno personale amministrativo in ufficio e purtroppo questa attività così delicata, in cui una piccola disattenzione ti può costare migliaia di euro, viene gestita come ultima in ordine d'importanza.

La cosa più incredibile è che, anche se hai del personale amministrativo in ufficio, difficilmente controlli l'andamento, difficilmente monitori i KPI o la rotta che stai seguendo. Le persone che lavorano per te si limitano a registrarti le fatture, a fare i pagamenti, ma nessuno fa quel lavoro fondamentale di cui abbiamo parlato in questo libro.

Ebbene, XribaBooks finalmente risolve tutto questo! Le formule già preimpostate per stilare il tuo budget previsionale, le spiegazioni su come utilizzare correttamente questo strumento fondamentale per gestire la tua azienda, la possibilità di selezionare i costi di ogni fattura, riga per riga, e assegnarli a una commessa, a un centro di costo, e calcolare il tuo punto di pareggio, la possibilità di analizzare costi e ricavi, di prevedere incassi e pagamenti, di sapere quali tasse hai pagato e quante ne dovrai pagare con mesi di anticipo sono solo una minima parte di quello che XribaBooks può fare per te in automatico.

Lo sviluppo di questa tecnologia ha già permesso a imprenditori e commercialisti di risparmiare oltre il 70% del tempo destinato alla gestione contabile, avendo a disposizione funzioni che prima non immaginavano nemmeno.

Tuttocittà '89

Ora voglio spiegarmi ancora meglio facendoti un esempio. Immagina per un attimo di tornare indietro nel tempo di 30 anni, immagina che devi raggiungere una località e non conosci la strada. Come fai?

Attenzione, ho detto tornare indietro nel tempo di 30 anni, quando non esistevano smartphone, tablet, TomTom e simili dispositivi, e nessuna Google Inc. aveva ancora inserito un localizzatore Gps collegato a un satellite nella tasca di quasi ogni individuo della Terra. Ragion per cui, il massimo della tecnologia a disposizione consisteva in un libricino sul quale era riportata, suddivisa in varie pagine, la mappa stradale della città. Ricordi?

Tutto ciò che ti serviva era l'indirizzo di partenza, quello di destinazione e cinque o sei minuti di tempo. Andavi in fondo al volumetto e scorrevi l'elenco delle vie fino a trovare quella necessaria, identificata da una pagina, un numero e una lettera; poi andavi alla pagina in questione e "giocavi a battaglia navale" per trovare la casella giusta sulla griglia, incrociando il numero e la lettera.

Una volta terminato, ripetevi l'operazione con l'altro indirizzo. A quel punto avevi identificato i punti di partenza e di arrivo – di solito collocati su pagine diverse – e tutto ciò che dovevi fare era percorrere le strade seguendo la mappa fino ad arrivare a destinazione. E funzionava!

Ha funzionato per generazioni. E, anche se ora sembra un metodo da età della pietra, si usava sempre perché era comodo. A quel tempo era l'opzione più funzionale che si aveva a disposizione, molto meglio che chiedere indicazioni. Il punto vero, però, è che non avevamo alternative. Mai avremmo immaginato che, di lì a qualche decennio, un satellite ci avrebbe guidati passo passo, indicandoci in pochi secondi la strada da percorrere e selezionando anche il percorso più breve o più veloce, considerando anche le condizioni del traffico e facendoci evitare i cantieri stradali.

Prova a pensare a cosa accade, in effetti, quando compi un'operazione che adesso appare così scontata.

1) Fai una domanda al tuo telefono, spesso "chiamandolo per nome". A volte non conosci nemmeno l'indirizzo del luogo che vuoi raggiungere, ma sai solo ciò che vuoi (per esempio: "trova un negozio di biciclette").

2) A quel punto, l'Intelligenza Artificiale installata nel tuo smartphone scompone quei suoni in un segnale digitale, li

analizza, ne estrae i dati rilevanti e li invia a un satellite nello spazio (nello spazio!), che monitora la tua posizione e quella di tutti gli altri dispositivi collegati. A seconda della relativa "velocità di crociera", capisce persino chi si sposta a piedi, in bicicletta o in auto, e ti suggerisce eventuali percorsi veloci nel caso le strade siano intasate.

3) Dopodiché, quelle informazioni vengono inviate nuovamente al telefono che tieni in mano, per essere "lette" dall'Intelligenza Artificiale, che assemblerà una serie di suoni fino a comporre quella che nella tua lingua risulterà una frase di senso compiuto, e indicandoti su una mappa possibili destinazioni e percorsi alternativi.

Tutto questo nel giro di quanto? Secondi! Un'operazione la cui velocità, naturalezza e frequenza sono tali da farcela sembrare qualcosa di scontato. All'epoca del *Tuttocittà* sarebbe stata fantascienza!

Pensa a quanto tempo risparmiamo, ogni giorno, grazie a questa tecnologia. E adesso prendi quel dato e moltiplicalo. Perché, oggi che è operativo, Xriba fa qualcosa di simile e persino di migliore per le migliaia di clienti che lo usano. Con la stessa facilità con cui il navigatore satellitare del tuo smartphone trova il negozio giusto e ti guida a raggiungerlo, l'Intelligenza Artificiale Xriba è in grado di:

- leggere i documenti contabili;

- riconciliarli in contabilità;

- compilare in automatico i dati dell'actual (effettivo) per il controllo di gestione aziendale;

- archiviarli elettronicamente;

- permettere al tuo commercialista di consultarli e compilare i dichiarativi.

Xriba, quindi, svolge il lavoro di un intero reparto contabile, ma meglio e in un decimo del tempo. Utilizzandolo, un'azienda, anche di medie dimensioni, risparmia migliaia di euro e decine di ore di lavoro, grazie all'automatizzazione dei processi legati alla registrazione di documenti, alla riconciliazione in contabilità e, in generale, a tutte quelle operazioni a basso valore aggiunto che impiegano "ore uomo" e costituiscono in sostanza una "tassa occulta" pagata dall'imprenditore in proporzione al livello di complicazione burocratica del proprio Paese.

E se consideriamo che l'Italia ha la burocrazia più complicata d'Europa, gli imprenditori dello Stivale pagano il costo più alto del continente. A conti fatti, l'effetto di Xriba è stato di ridurre quel costo – in termini di tempo e soldi – di oltre il 70%.

Il problema degli impiegati contabili

Paghi qualcuno per aggiornare lo scadenzario dei pagamenti, per tenere traccia delle spese mensili e di quelle future? Chi si occupa di riconciliare i movimenti del tuo conto corrente con le fatture pagate o ricevute?

Se non lo fai tu, o un tuo dipendente, di certo se ne occupa il tuo commercialista che, per ogni pagamento effettuato, registra anche una fattura o una ricevuta di acquisto, mentre per ogni incasso ricevuto inserisce in contabilità una fattura di vendita o un corrispettivo.

Se non lo fa nessuno, beh, è un bel problema: oltre ad avere difficoltà con la chiusura del bilancio, non otterrai mai partitari contabili in ordine e, di conseguenza, non riuscirai a controllare la tua azienda. Ora, se hai un dipendente addetto, sai già quanto ti costa. E se lo fai tu, sai quanto tempo ti porta via. Se invece lo fa il tuo commercialista, devi sapere che circa il 70% di quanto gli paghi serve proprio a stipendiare gli impiegati che svolgono questo lavoro di data entry per tuo conto.

Come se non bastasse, vedo spesso aziende che fanno seguire questa procedura internamente e, non soddisfatte, portano comunque tutte le fatture al proprio consulente, di modo che ricontrolli tutto da capo. In sostanza, pagano due persone per seguire gli stessi adempimenti contabili.

Se sei stanco di tutto questo, e delle continue perdite di tempo dovute all'invio e alla ricezione di documenti contabili via email, fax o piccione viaggiatore, oggi puoi gestire tutte queste operazioni grazie a Xriba.

Xriba riceve in automatico i documenti dall'Agenzia delle Entrate (i cosiddetti XML) oppure puoi inoltrarli per posta elettronica (senza neanche aprirli); inoltre, se ti arrivano in formato cartaceo, puoi scansionarli e inviarli con la stessa semplicità con cui condividi una foto scattata con il cellulare. In automatico, Xriba li registra in contabilità e li riconcilia con i movimenti del tuo conto corrente, oppure te li inserisce nello scadenzario dei pagamenti.

Problema del controllo di gestione: quanto tempo e quanto denaro perdi ogni volta che usi la tua testa anziché un'Intelligenza Artificiale?

Tornando all'argomento chiave di questo libro, avrai capito bene quanto conta il controllo di gestione in un'azienda e quale valore aggiunto può darti. Perché gestire l'azienda a sentimento, come già detto, non è assolutamente sinonimo di "far volare il proprio business", ma solo di vivere alla giornata senza alcuna prospettiva futura.

Per un imprenditore, controllare l'andamento della sua azienda, utilizzare il Conto Economico Previsionale, dividere i costi di produzione da quelli produttivi, concentrarsi sull'EBITDA e così via è la cosa più importante nella gestione aziendale. Ora, prima che i moralisti si straccino le vesti paventando il rischio di atrofia dell'intelligenza portato da uno strumento come Xriba, permettimi di farti notare che un cervello costretto a svolgere operazioni ripetitive soffre molto di più: in mancanza di stimoli, meglio guardare le nuvole fantasticando sulle loro forme piuttosto che fissare sullo schermo di un computer le caselle di un foglio di calcolo!

E, prima che si lancino anatemi a salvaguardia delle nuove generazioni, che così non sapranno più svolgere calcoli matematici basilari, lasciami dire che ogni nuova tecnologia è stata osteggiata, fin dall'invenzione della scrittura: gli scribi avevano contro i cantori, ma prendere appunti non ha causato in nessuno la completa perdita della memoria. E l'Intelligenza Artificiale fa risparmiare tempo e offre prestazioni migliori.

Già, ma quanto tempo fa risparmiare? Prendiamo il caso di un'attività che ho già spiegato in questo libro: la registrazione contabile, la creazione e la compilazione dei tuoi fogli Excel di controllo di gestione.

Fino a oggi dovevi:

1. Creare una serie di tabelle xls che rappresentassero il tuo esercizio contabile, divise in mesi.

2. Inserire tutte le voci di ricavo e di costo.

3. Inserire tutte le voci incasso e pagamento.

4. Compilare i dati previsionali, ipotizzando l'andamento dei successivi 12 mesi.

5. Registrare manualmente tutte le fatture in contabilità (se non lo facevi tu, lo faceva la tua impiegata o il tuo commercialista addebitandoti il costo).

6. Registrare manualmente tutti gli incassi e i pagamenti.

7. Partendo dal bilancio analitico del complicato software contabile del tuo commercialista o della tua azienda, inserire tutti i dati manualmente nella colonna "actual" di tutte le tabelle.

8. Controllare e ricontrollare di averli scritti correttamente.

9. Analizzare i risultati confrontandoli con il risultato atteso.

È stimato che, per questa operazione, una piccola azienda impiega dalle 8 alle 16 ore al mese; se la tua azienda non è piccola, probabilmente paghi lo stipendio a una persona che destina un terzo del suo tempo a fare queste cose. Stiamo parlando quindi di migliaia di euro al mese.

Oggi invece, grazie a XribaBooks, per le stesse operazioni ti basta:

1. Fare in modo che tutte le fatture e gli estratti conto siano su XribaBooks.

2. Consultare le dashboard che automaticamente crea il programma.

3. Modificare l'assegnazione dei centri di costo e ricavo con qualche click, qualora tu voglia avere una diversa visualizzazione dei dati.

Finito! In pratica risparmi fino al 70% del tempo e alla fine hai un lavoro più preciso e fatto meglio. Proprio come il navigatore della tua automobile: è l'Intelligenza Artificiale a fare tutto il lavoro, individuando e interpretando da sola i dati. Infatti, grazie alla lettura ottica documentale e agli algoritmi di Intelligenza Artificiale, Xriba analizza in automatico i documenti e li smista tra contabilità e amministrazione, ordinandoli per tipologia. Con un enorme risparmio di tempo e denaro!

Se non usi l'Intelligenza Artificiale, sprechi la tua, che può essere impiegata in cose più importanti come la famiglia, le passioni o la crescita del tuo business.

Grazie a Xriba, aggiustare la rotta sarà più semplice: abbandona il famoso file Excel che tanto ti ha fatto penare e perdere tempo!

Grazie a Xriba potrai tenere sotto controllo la situazione della tua azienda, praticamente in tempo reale. Pertanto potrai correggere la rotta in modo molto più veloce e tempestivo. È ora di abbandonare i vecchi metodi che ti fanno perdere tempo e soldi ed è arrivato il momento di abbracciare il futuro.

Xriba è infatti in grado di aiutarti con il tuo Conto Economico Previsionale, infatti ti assiste in modo preciso e puntuale nella stesura del Conto Economico e ti facilita al massimo questo compito. Ogni volta che registri una fattura – di acquisto o di vendita – ti suggerisce in automatico in quale casella del Conto Economico inserirla, in modo che il monitoraggio dell'andamento diventi una pratica di una semplicità disarmante, da svolgere alla velocità della luce.

E se la registrazione proposta non ti soddisfa, puoi ovviamente decidere di riassegnarla a una casella diversa. Con il vantaggio che, grazie al machine learning (cioè la capacità della macchina di apprendere da sola elaborando i propri errori e modificando di conseguenza i processi futuri), Xriba si adatta alle tue preferenze: la volta successiva quel costo sarà registrato nello spazio opportuno.

Se adesso desideri diventare un imprenditore del futuro e se vuoi avere il pieno controllo dei numeri in modo tale da massimizzare i margini e ridurre i costi, allora Xriba è perfetto per te.

Adesso, vuoi scoprire se si può applicare alla tua azienda?

Richiedi una consulenza gratuita di controllo di gestione tramite il link: www.imprenditoredelfuturo.com/consulenza.

RIEPILOGO DEL CAPITOLO 4:

- SEGRETO n. 1: l'AI stravolgerà per sempre la tua vita e, per fortuna, se applicata al mondo della contabilità e del controllo di gestione aziendale, farà la differenza per tutti gli imprenditori.

- SEGRETO n. 2: l'era del data entry così come lo conoscevi è finita perché Xriba registra le fatture in contabilità e le riconcilia con i movimenti del tuo conto corrente in automatico.

- SEGRETO n. 3: Xriba ti fa risparmiare il 70% del tempo destinato alla gestione contabile e al controllo di gestione per offrirti prestazioni migliori: abbandona il famoso file Excel, che tanto ti ha fatto penare e perdere tempo; grazie a Xriba, aggiustare la rotta sarà più semplice.

- SEGRETO n. 4: se non usi l'Intelligenza Artificiale, sprechi la tua, che può essere impiegata in cose più importanti come la famiglia, le passioni o la crescita del tuo business.

Conclusione:

Il tuo vantaggio sleale

Qualunque cosa tu possa fare,
qualunque sogno tu possa sognare, comincia.
L'audacia reca in sé genialità, magia e forza. Comincia ora.
J.W. Goethe

Siamo giunti alla conclusione di questo libro. Abbiamo visto davvero molte cose insieme: gli errori comuni degli imprenditori, il Conto Economico Riclassificato, come monitorare il cash flow, come usare i KPI per controllare tutti i gli aspetti del business, come effettuare una corretta pianificazione fiscale ecc.

Adesso voglio regalarti l'ultimo concetto, il più importante. Sarà il tuo vantaggio sleale, perciò fai attenzione nel leggere quest'ultimo, breve, capitolo. Sarà diverso dagli altri perché, per prima cosa, non sarò io a darti le soluzioni, non subito almeno. Prima ti farò delle domande. A cominciare da questa: *Dove dovrebbe spendere il suo tempo un imprenditore titolare di PMI?* Prova a rispondere.

Se sei un imprenditore responsabile, e vuoi far crescere il tuo business e la tua azienda, è semplice farlo: intervenendo sull'azienda, sui processi, stringendo accordi, facendo crescere una buona squadra e un management forte, trasferendo la visione... insomma, un imprenditore dovrebbe lavorare impegnando il tempo in attività *ad alto valore aggiunto*, attività che stancano, tolgono energie, ma che ripagano con la soddisfazione di aver fatto la differenza e che, una volta tornato a casa, ti fanno dire: «Anche oggi sono sceso nella mischia e ho fatto la mia parte!».

Bello, vero? Adesso la domanda è questa: *Dove spende realmente una grossa parte del suo tempo un imprenditore titolare di PMI? La risposta è: nella burocrazia; nell'inserimento dei numeri, nelle scartoffie, negli espletamenti amministrativi, nel conteggio di cose già fatte, nel controllo... insomma nello svolgere un lavoro da "macchina".*

La risposta alla domanda, purtroppo, in Italia è la seguente: *Un imprenditore spende la maggior parte del suo tempo in attività a basso valore aggiunto, perché è costretto a farlo.*
Le attività a basso valore aggiunto sono quelle che devi fare, ma

che non ti danno soddisfazione, sono quelle attività che svolgi perché senza non sopravvivresti – lo abbiamo visto – ma che non aggiungono valore. Potrebbe svolgerle una macchina e tu potresti dedicarti a far aumentare il valore della tua azienda, ma non lo fai. Sei costretto a lavorare per far crescere la tua azienda nei ritagli di tempo!

Ora alziamo lo sguardo: ti va? Proviamo a rispondere alle stesse identiche domande, ma stavolta guardando alle aziende più grandi: *Dove dovrebbe spendere il suo tempo l'imprenditore o il CEO di una grande impresa?* La risposta è la medesima che per le PMI: *in attività ad alto valore aggiunto, dove la sua presenza può fare davvero la differenza.*

E adesso passiamo alla seconda domanda: *Dove spende **realmente** il suo tempo l'imprenditore o il CEO di una grande impresa?* La risposta, stavolta, è esattamente dove dovrebbe spenderlo: *in attività ad alto valore aggiunto, dove la sua presenza può fare davvero la differenza.*

Perché? Forse che il titolare di una big company non ritiene importante l'aspetto amministrativo e contabile? No ovviamente: lo ritiene importantissimo e fondamentale.

La differenza è che una grande azienda può permettersi un CFO. Un CFO è un Chief Financial Officer, il braccio destro del CEO per quanto riguarda i numeri: è la persona più importante dal punto di vista dell'azienda. E, credimi, un buon CFO è l'arma segreta di un'azienda di successo, perché saprà evidenziare tutto ciò su cui deve porre attenzione l'amministratore: criticità, punti di forza, piccole e grandi differenze.

Perché una PMI non dispone di un CFO? Perché tendenzialmente non ha le risorse per poterselo permettere. Un CFO ha uno stipendio normalmente a cinque cifre, mentre quello di un discreto CFO arriva a sei senza che nessuno si stupisca.

Quanta differenza potresti fare se, per gestire la tua impresa, potessi disporre di un CFO che si occupa di evidenziare le lacune e predisporre i numeri per le tue valutazioni di stratega del business? Usare i numeri per prendere decisioni, senza perdere tempo a incolonnarli nelle giuste caselle? Ore e ore recuperate, da poter impiegare per portare valore aggiunto!

Quello che fa Xriba è esattamente questo, e questo vuole essere il senso di Xriba: restituire all'imprenditore il tempo da dedicare alla propria azienda.

Immagina di lavorare con la stessa arma segreta delle multinazionali, di avere un CFO senza dover pagare il costo esorbitante di questa figura. In qualunque business tu sia coinvolto, la differenza è l'execution. E se perdi tempo a fare il lavoro di una macchina, non hai tempo di realizzare una corretta execution. Ti dedicherai a essa solo nei ritagli di tempo e questo non è possibile. Non puoi permettertelo, se vuoi che la tua azienda cresca!

Ecco perché ti ho voluto spiegare in questo libro in cosa consiste il vero lavoro di un imprenditore, da cosa sia composto e quanto sia importante ogni passaggio. Ma con questo ultimo capitolo voglio davvero spingerti a comprendere la differenza che l'uso di XRIBA farà per la tua azienda. Non si tratta di utilizzare un software contabile o amministrativo, si tratta di avere un CFO virtuale, di appropriarti di un vantaggio su qualsiasi tuo collega, lo stesso vantaggio che adottano già le aziende che crescono, ossia un CFO.

XRIBA è l'Intelligenza Artificiale che fa da CFO alla tua azienda. Fin dalla prima volta che utilizzerai XRIBA, tutto quello che hai letto in questo libro sarà applicato nei minimi dettagli e senza errori, nel tempo di un click. E tu potrai finalmente dedicarti alla parte migliore, del lavoro di imprenditore: far crescere la tua impresa!

È arrivato il momento di agire prima che sia troppo tardi. Per cambiare il tuo destino e diventare un imprenditore del futuro, prenota subito una consulenza gratuita sul controllo di gestione con un esperto di Xriba.

Fallo tramite questo link:
www.imprenditoredelfuturo.com/consulenza

Ricorda: la vita è fatta di decisioni e oggi hai davanti a te una grande opportunità.

Cosa dicono gli imprenditori?

"L'utilizzo di questa piattaforma ti porta
ad avere una visione diversa della tua attività"

Dopo anni di attività nella produzione di caffè, ho aperto una nuova impresa mettendo a disposizione la mia esperienza ventennale nel settore Ho.re.c.a. Mi sono sempre occupato da solo di controllare i miei numeri e di gestire la contabilità, senza la possibilità di poter fare analisi dettagliate della mia situazione. Il mio desiderio era quello di avere un controllo costante della mia impresa per sapere in anticipo se stava andando bene oppure no.

Con il mio commercialista ho provato più volte ad avere una visione chiara della mia impresa ma purtroppo arrivavo a ridosso delle scadenze senza la possibilità di poter intervenire. Quando ho conosciuto su internet la piattaforma Xribabooks ne sono rimasto subito colpito. Dal primo utilizzo mi è risultata facile e intuitiva. Ogni mese c'è un aggiornamento nuovo e in caso di problemi posso ricevere aiuto dall'assistenza. **L'utilizzo di questa** piattaforma ti porta ad avere una visione diversa della tua attività e sta cambiando anche il mio modo di fare impresa.

Giordano Gasparella - G. Horeca Srls, Mussolente (VI)

"Hai realmente il quadro completo della tua azienda"

La mia è una attività commerciale che lavora principalmente nel periodo da Maggio a Ottobre. Mi occupo di vendere i prodotti della mia regione, la Sardegna, in particolare vini pregiati. Dato il periodo di attività è sempre stato difficile avere l'andamento in tempo reale della mia impresa con il mio commercialista. Soltanto a Settembre potevo conoscere i miei numeri, senza poter intervenire in alcun modo. Attraverso la mailing list di Gianluca ho scoperto la piattaforma di Xribabooks. Ciò che mi ha subito colpito è stata la chiarezza dei dati. Hai realmente il quadro completo della tua azienda. Dal momento dell'acquisto è stata facile da utilizzare. Giorno dopo giorno sto scoprendo tutti i numeri legati alla mia attività in tempo reale.

Gian Mario Azana - Gioele Srl, Arzachena (SS)

"Ho la possibilità di capire come sta andando la mia impresa nel giro di pochissimo tempo"

Gestisco una location per eventi che offre servizi di ristorazione e hospitality di alto livello. Quando ho scoperto tramite il web questa intelligenza artificiale applicata alla contabilità ne sono rimasto subito affascinato. Sono stato tra i primi utenti ad utilizzare la piattaforma.

Ho la possibilità di capire come sta andando la mia impresa nel giro di pochissimo tempo, dandomi la possibilità di prendere tutte le decisioni del caso. In questo modo il focus dell'imprenditore, o di chi si occupa di contabilità, non sarà

147

più la mera registrazione delle carte ma il focus aziendale e la crescita dell'impresa.

L'utilizzo della piattaforma Xribabooks è molto semplice. Non ci sono difficoltà o particolari conoscenze da sapere. Adesso ho la possibilità di fare previsioni e di avere un andamento quotidiano o settimanale dei miei numeri aziendali. Lo consiglio a tutti gli imprenditori perché oggi conoscere i propri numeri è fondamentale e nessuna azienda si può permettere di andare "a fari spenti".

Giuseppe Bertesago - Ca' del Facco Srl, Salvirola (CR)

Prenota la tua consulenza gratuita sul controllo di gestione, con un esperto di Xriba:

www.imprenditoredelfuturo.com/consulenza

www.ingramcontent.com/pod-product-compliance
Lightning Source LLC
Chambersburg PA
CBHW071557200326
41519CB00021BB/6785